魅力行動学®
ビジネス講座

マナー，コミュニケーション，キャリア

古閑博美 編著

学文社

はしがき

　本書は,「行動の質・量・形・意味に魅力を付与した行動」と定義した「魅力行動」(古閑博美「儀礼文化への一考察―魅力行動の観点から」『儀礼文化』第 29 号, 儀礼文化学会　2001 年 所収)をビジネスや生活面で活用していただくため,マナーとコミュニケーション,キャリアの観点からわかりやすく著したものです。

　高度な科学文明が発達し,技術革新が連続するなか,社会や個人は,物事の価値基準や判断の拠り所を何事も数量化・数式化し,客観的で明快なことに重きを置く傾向を強めてきました。その一方,物事や現象に揺らぎや曖昧さといった価値を見出す取組みが推進されました。揺らぎや曖昧さへの関心は,人間心理や行動,また道具や芸術など人の創造物を対象とするだけでなく,ファジー理論(あいまい理論)にみるように,自然科学や制度,政治経済の分野にいたるまで幅広いものがあります。「魅力を付与した行動」は国や民族の資源として,あるいは個人の能力としてとらえたい事柄です。

　社会では,行動のしかたは一様でも画一的でもありません。それだけに,行動のしかたに迷うことがあります。何事も,迷ったら基本に戻れ,といいますが,その基本がわからないのではそこに戻ることなどできません。行動は,本能的な反射行動以外,学習し身につけていくものです。成長にしたがい,それぞれの場面に応じた行動のしかたを自分の身体に覚えこませることで円滑な社会生活を送ることができるのです。

　私たちは,情報化社会のなかで,いやおうなしに情報の洪水にさらされる日々を送っています。不要な情報を取り込むことを極力減らし,必要で大切な情報を入手し活用することで生活の質を高めることが可能となります。

　教育機関で学ぶ生徒や学生の方たちのみならず,社会で働いている方々にも本書を手にとって活用していただければ幸いです。

　本書は,魅力行動学会の会員により作成したものです。魅力行動を研究する私たちの意のあるところをお汲み取りいただき,企画を実現してくださいました学文社と編集部長の稲葉由紀子氏に執筆者一同こころより感謝し,お礼申し上げます。

2008 年 9 月吉日

緑園の寓居にて
古　閑　博　美

もくじ

第1部 社会に出る前に
1章 コミュニケーションの役割

1	あいさつ—マナーと基本の言葉—	10
2	話し方— 10 のポイント—	14
3	傾聴—ビジネスにおける傾聴の方法—	16
4	スピーチ—態度と構成—	18
5	敬語（1）—配慮の言葉遣い—	20
6	敬語（2）—「するケン」「なるソン」—	22
7	プレゼンテーション—3Pと三つの構成要素—	24
8	コミュニケーション—基本的な理解—	26
9	言語コミュニケーション—意義と技法—	28
10	非言語コミュニケーション—手段と活用—	30
11	アサーティブ・コミュニケーション—ビジネスにおけるDESC法—	31

2章 おとなの魅力行動

12	お辞儀—身につけたい4種類—	34
13	身だしなみ—五つのポイント—	37
14	態度—「態度がよい」とは—	38
15	紹介のマナー—求められる慎重な態度—	40
16	笑顔—効用とエネルギー—	42
17	アイコンタクト—見方とはずし方—	44
18	対人距離—人と人との距離—	46
19	魅力行動—「さささ親切」の提唱—	48
20	和室の立ち居振る舞い——味違う魅力行動—	50

3章 パーティの心構え

21	パーティの種類—知っておきたい10のパーティ—	53
22	立食パーティのマナー—目的と心得—	56

23	洋食のマナー―ナイフとフォークは外側から順に―	60
24	和食のマナー―飯椀は左，汁椀は右―	63
25	中国料理のマナー―料理と酒―	66
26	懇親会―目的は交流―	70
27	飲み会―アフター・ファイブのマナー―	72

第2部　社会に出てから
4章　電話応対

28	ビジネス電話のかけ方―順序と電話術―	76
29	ビジネス電話の受け方―順序と注意点―	78
30	ビジネス電話の取次ぎ方―さまざまなケース―	80
31	電話応対で困ったときの対処法―ケーススタディ―	82
32	英語による電話応対―覚えたい決まり文句―	84
33	携帯電話―守りたいマナー―	86

5章　ビジネス通信

34	電子メール―送信時の注意―	87
35	英文Eメール―決まり文句の活用―	90
36	FAX―有効利用のしかた―	92
37	手紙―書き方の基礎知識―	94
38	宛名の書き方―文字の配列と正確さ―	101
39	ビジネス文書―社内文書と社外文書―	106

6章　仕事のしかた

40	仕事の進め方―新人社員の10の留意事項―	110
41	報告・連絡・相談―組織内の緊密な連携―	112
42	交渉力―成功に導く力と態度―	114
43	職場のトラブル相談―ケーススタディ―	116
44	失敗への対処―心構えと対応策―	118
45	チームワーク―組織の動かし方―	120
46	セクシュアル・ハラスメント―「悪気がなかった」では済まされない―	122

47	クレーム処理—種類と対応—	126
48	企業訪問—予約と訪問のしかた—	128
49	名刺交換—扱い方とルール—	130
50	サービスの基礎知識—産業と特性—	134
51	来客応対—受付とお茶のもてなし—	136
52	スケジュール管理—仕事の時間配分と記録の活用法—	140
53	顧客情報の管理—管理と活用—	142
54	図表の作り方—利点と種類—	144

7章　企業の仕事

55	企業と組織—進化する組織形態—	147
56	会議—目的と形式—	150
57	会議の運営—手順と意見集約—	152
58	情報伝達—タイミングが大事—	153
59	金銭授受—支払方法とコンプライアンス—	154
60	領収証—書き方と注意事項—	156
61	顧客満足—顧客の創造との関係—	158

8章　知っておきたい法律

62	ビジネスにおける基本的な法律	160
63	労働法—労働三法の規定事項—	162
64	社会保険制度—社会保険，介護保険，労働保険—	164
65	雇用形態—雇用契約の分類—	166

第3部　自分らしく生きるためのキャリア
9章　冠婚葬祭とプロトコール

66	慶事—祝う機会と物品の贈り方—	170
67	弔事—基本の考え方と作法—	172
68	交際業務—必要な物品・資料—	176
69	贈答文化—贈答の基本—	178
70	国際儀礼（プロトコール）—基本と原則—	180

71	席次―序列の基準―	182
72	仕事上の接待―これまでとこれから―	184
73	個人宅への訪問―約束から当日まで―	186

10章　魅力的なキャリアのつくり方

74	学生と社会人の違い―三つの自覚―	188
75	キャリアとキャリアデザイン―四つの基本と五つのキャリア・アンカー―	190
76	生涯学習―四つの柱と五つの変化―	192
77	自己啓発―意味と方法―	195
78	ロジカルシンキング―訓練して身につけたい思考法―	196
79	メンタリング―メンターの見つけ方―	200
80	後輩指導―タイプ別指導方法―	201
81	コーチング―手法と特徴―	202
82	健康管理―生涯の健康習慣―	204
83	時間管理―ポイントとすきまの時間の利用法―	206
84	ワーク・ライフ・バランス―個人の意識と企業の取組み―	208

第1部　社会に出る前に

　「学校と社会は違う」といいます。はたしてそうでしょうか。学校も社会の一部です。社会の一員としての個人，また実社会で活動する者として「社会人」の自覚をもち，人間的な資質の向上を目指したいものです。

　1章ではコミュニケーションの大切さ，2章ではおとなの振る舞いとしての魅力行動を身につけること，3章ではパーティの知識やマナーについて取り上げました。大学や専門学校等で学ぶことは，知識や技術だけではありません。他人との交際や関係構築において，真実味や誠実さのない言動では信頼を得ることなどは望むべくもなく，人間として成長する過程では，「ひと・もの・こと・本・自然」との触れ合いが欠かせません。そうして得た学習知や経験知，暗黙知を総合し，活用することにより魅力行動を実践してください。

　行動の質・量・形・意味に魅力を付与した魅力的な行動は，自他の関係を取り結ぶうえで有効な行動力となります。地に足をつけて堂々と歩む自分をイメージして読み進めてください。

1章　コミュニケーションの役割

1　あいさつ—マナーと基本の言葉—

1　あいさつ

「あいさつ」は，漢字で「挨拶」と書きます。「挨」は「推す」，「拶」は「迫る」という字義にみるように，「挨拶」は，本来，「相手に近づき相手の心に飛び込むこと」です。自分からあいさつする人，いつも変わらぬ態度であいさつする人に，人は好感をもちます。

あいさつは人柄を表わす行為であり人間性を映す鏡といえます。あいさつすることにより，相手の心を開き，心に飛び込むチャンスが生まれます。元手いらずのビジネスチャンスになるかもしれません。

2　関係を取り結ぶための魅力行動

あいさつは，人との関係を取り結ぶための魅力行動です。そのため，初対面の人だけでなく，毎日会う人にこそあいさつは欠かせません。知り合いだからあいさつが必要であり，見知らぬ人であればあらたな知遇を得るためになお必要です。あいさつすることにより，人間関係に生じる摩擦や不協和音をある程度，軽減できます。あいさつは，互いの関係や心的距離を確認し合う行為でもあります。

あいさつは習慣として行うのが望ましく，一日のあいさつや時候のあいさつをおろそかにしないようにしましょう。365日，朝昼晩，場面に応じたあいさつを励行することが自他に与える影響ははかり知れません。

3　あいさつのマナー

自他の関係を正しく認識することが，あいさつのマナーを守ることになります。基本は，①年少者から年長者へ，②職位の下の人から上の人に，ですが，親和的ムードをかもし出すため，年長者から年少者に，また職位の上の人から下

の人に積極的に声をかけることもあります。年齢，性別，職位に関係なく，自発的にあいさつを心がける態度はゆかしい人柄に映ります。

一般に，あいさつされたら受けたのち返すのが礼儀です。あいさつすることで相手に負担をかけるかもしれない，という想像力と，状況を見計らう力を養いましょう。場合や立場により，促されるまであいさつを控えることがあります。

あいさつを控えるとは，あいさつを交わす人たちのなかに入らないということです。そういうときは，「控えの態度」でその場から少し離れたところにいます。無視や無関心を装うことなく，合図があれば，あるいはなくても，いつでもタイミングよくあいさつできる位置を確保します。

たとえば，あなたが街中で友人と歩いているときに，たまたま会社の同僚に出会ったとします。簡単なあいさつをしてすれ違う場合，友人を紹介するまでもないでしょう。友人は，一歩離れたところで会釈し，控えの態度で待ちます。しかし，時間を取るようなら，同僚に「こちらは，私の友人（の○○さん）です」，友人に「同僚（の○○さん）です」などと紹介しましょう。名前を告げる必要があるかないかは場面に応じて判断します。紹介された同僚と友人は悪い気はしないはずです。紹介者であるあなたの印象を高めるとさえいえます。紹介は，おとなの行為だからです。

あいさつは，気づいたほうから声をかけるマナーもあれば，気づいても声をかけるのを遠慮するマナーもあります。そういうと戸惑う人もいるでしょうが，振る舞いの魅力行動として，気配りしたうえで，臨機応変に行うのが肝要です。あいさつは，だれかれかまわずすればよい，というものではありません。紹介や会合，また結婚式や葬式など特別の場面では，格別，注意深くあいさつをします。あいさつは奥深いものです。

あいさつするさいは，相手を視野に入れ，かかとを揃えるようにしましょう。日本ではそこに，お辞儀の動作が不可欠です。　　　　　　　　　　　【12 参照】

4　ビジネスにおけるあいさつ

初対面の場合，「はじめまして」「お初にお目にかかります」などとあいさつし，所属と氏名を述べます。あいさつのあと，名刺を交換し本題に入ります。

2回目以降の出会いにおいては，時間帯や状況に応じ「おはようございます」「こんにちは」「お邪魔いたします」「いつもお世話になっております」「ごぶさた

しております」などとあいさつし本題に入ります。社外の人たちへのあいさつは，基本的に毎回，所属と名前を名乗りましょう。相手が忘れてしまっていたり，異動していたりすることがあるので，念のため，ということもあります。

　あいさつを抜きにして単刀直入に本題に入ることもありますが，時候のあいさつや近況報告などのあと用件を切り出すのが一般的です。大切なことは復唱し，最後に辞去のあいさつをします。TPO（Time, Place, Occasion：時・所・場合）に応じて，態度や言葉遣いを工夫しましょう。　　　　　　　　　　　（古閑）

　　　　　ステップ1　基本の言葉「はいオアシス」
　「はい」という気持ちのよい返事
　オ　「おはようございます」というあいさつの言葉
　ア　「ありがとうございます」という感謝の気持ち
　シ　「失礼いたします」という謙虚な気持ち
　ス　「すみません」という素直な気持ち

　　　　　ステップ2　知っておくと便利な言葉
「よろしくお願いいたします」
「お世話になります（なりました）」
「恐れ入ります」→「ありがとうございます」「ごめんなさい」
　　　「申し訳ございません」など，いろいろな気持ちを表現する言葉

　　　　　ステップ3　考えて遣いたい言葉
「お疲れさまです（でした）」→朝から遣わない
「ご苦労さまです（でした）」→目上の人には遣わない

　　　　　ステップ4　緩衝語（クッション用語）
「お手数ですが」，「恐れ入りますが」，「勝手ですが」，「ご面倒ですが」，「あいにくですが」，「お差し支えなければ」，「ご多忙とは存じますが」「ご足労をおかけしますが」，「つかぬことをうかがいますが」「お時間が許すようでしたら」

コラム1　挨拶ができるということ

　以前，日本人によって創設されたカナダの大学があった。日本において学生を募集し，2年ないし4年間カナダで大学生活を終え，帰国して就職させるという異色の大学であった。なお，全寮制であり年間の教育費は莫大で，だれもがおいそれと入れるわけではなく，いきおい，裕福な家庭の子女や受験に失敗した者を中心に募集を集中させた。したがって，学業にたいする意欲や能力に疑問符がつくような子女たちも少なからず入ってきていたようだ。また，カナダは労働組合が強固で教師の労働条件を守るため18人以上のクラスは認めないということから，少人数教育で英語力が身につく，という建前であった。

　ところが，入って1年間は田舎の小さな町で過ごすのだが，そこは町の経済的な中心だった学校が経営困難となりあやうくゴースト・タウンとなりかけたところを日本人が助けた格好になったので，町の人は，日本人にたいしてたいへん丁重に応対した。妙な格好の学生たちがてろんてろん歩いてきても，「グッドモーニング」「グッドアフタヌーン」と挨拶を欠かさない。これが，毎日つづくものだから，日本ではろくに挨拶などしたことのなかったかれらも，しぜん，挨拶を交わす習慣が身につく。すると，2年生になって大都会のキャンパスに移ってきても，それが続く。

　ということで，日本にもどって就職した卒業生たちの評判が意外にいいのだった。英語も，読み書きに偏った日本の英語教育ではなく，実際に日常生活のなかで遣ってきているので，いろいろ難点はあっても「通じる」のである。なかでも，日本人の苦手なヒアリングがお手の物なのだから，これは強みだ。おまけに，「挨拶」ができるので，これは「つかえる」となった。いわば，おちこぼれそうになった若者が，「挨拶」のおかげで生まれ変わったようなものである。

　日本にいてもどこか外国へ出て行っても，挨拶というのは大切だと，つくづく思う。

2 話し方 ―10のポイント―

1 コミュニケーションのための話し方
　情報化・国際化社会では「コミュニケーション」が注目されています。
　コミュニケーションには，感情にまかせて行う開放的コミュニケーションと，コントロールしつつ行う抑制的コミュニケーションのしかたがあります。TPOに応じた幅広いコミュニケーション能力を身につけましょう。　【8～11参照】

2 話し方10のポイント
　声にも表情があり，それを映す「鏡」があります。ここでいう「鏡」とは，自分が話す相手（個人・集団）およびその反応のことです。普段から相手の反応をよく見て確認しながら話すように心がけると，コミュニケーション能力がついてきます。話すときは，つぎのことに留意しましょう。
　① 落ちついてゆっくり話す
　② 母音（あいうえお）を明瞭に発音する
　③ 声の調子を整え，一本調子で話さない
　④ 和らいだ表情を意識し，話さないときは軽く口を閉じる
　⑤ 適切な敬語を用いる
　⑥ 大部から細部へと話す
　⑦ 短いセンテンスで話す
　⑧ 具体的に話す
　⑨ 人名や企業名など固有名詞を間違えない
　⑩ 事実と，自分の意見や感想を区別して話す
「ありがとうございます」「恐れ入ります」「よろしくお願いいたします」(TEP：Thank you, Excuse me, Please) を適宜使いましょう。
　ビジネスを目的として話すさいは，話の切り出し方とまとめ方が肝心です。話す前に内容を整理すると，伝えやすく漏れがありません。

3 目的をもって話す
　面接や会議，プレゼンテーション等目的をもって話すときは，相手に通じるも

しくは相手に受け入れられる話し方ができるかどうかが成功の鍵となります。相手との妥協点を見つけることは大事ですが，おもねったり安易に迎合したりするのは逆効果です。

(古閑)

3 傾聴―ビジネスにおける傾聴の方法―

1 「傾聴」とは

「傾聴」とは,一般には「相手の話を,相手の立場に立ってじっくり聞くこと」などと定義されています。カウンセリングにおける「傾聴」は,「自分の価値観を横に置き,相手の内的世界を理解する」ことです。

ビジネスにおける傾聴もこのような態度を基本としていますが,とくに「積極的に相手に働きかけることによって,相手の話をより充実させ,相手から自分の得たい情報を聞き出したり,相手の真意をつかみ取ったりすること」です。

2 ビジネスにおける「傾聴」の方法

相手の話をより充実させることは,情報量が多ければ多いほどよいということではありません。相手がロジカルシンキング(Logical Thinking,論理的な思考)ができるよう,相手を誘導する必要があります。つまり,相手が話を筋道立てて理論的に組み立て,より確実な論拠や推論を提案できるように,適切な質問をしたり,相手の意見の要約を試みたりすることが大切です。　　　　【78参照】

ビジネスにおいては,その情報がどの程度信頼のおけるものなのか,あるいはどの程度価値があるものなのかを見分ける必要があります。それには,相手の話をより明確化し,より高い価値のものとする必要があります。

3 質問のしかた

質問をすることにより,その話に興味がある,ということを相手に伝えることができます。的確な質問は話し手の思考を触発し,さらに相手が自身の思考を推し進めるのを援助します。質問には,大別すると二種類あります。

(1) 閉じられた質問(Closed Question)

これは,「はい」「いいえ」だけで答える質問です。この質問のしかたは,限定的な情報を得たいときや,問題や事態をはっきりさせたいときなどに使います。

しかし,閉じられた形式の質問が連発されると,話が途切れがちになり,しばしば詰問調になる傾向があるため,注意が必要です。

例 「そのことはすでに起こってしまったのですか」

「それは今日起こったのですか」

(2) 開かれた質問（Open Question）

これは，相手に自由に答えてもらう質問のしかたです。相手から，具体的な見解や意見を引き出し，話題を発展させるのに適切です。ただし，相手があまり話したくないと思っているときには有効とはいえません。　　　　　　（金子）

例　「それはどのように起こったのですか」
　　「そのことについてどう思いますか」

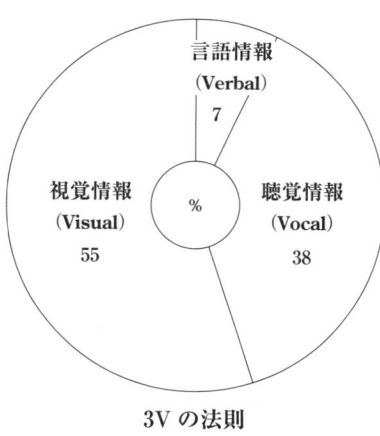

3Vの法則

4 スピーチ―態度と構成―

1 スピーチに臨む姿勢

スピーチは,「あるテーマのもとに,特定の目的をもって,それについて自分の意見と気持ちを相手の心に届ける作業」です。言葉は,相手に信頼されてこそ,より深く相手の心に届きます。その場にふさわしい服装を身につけ,相手に信頼されるようにします。そして,余裕のある表情で堂々と立ちましょう。その場にいる全員に伝わるような声で,間をとりながら落ち着いてゆっくりと話します。

また,スピーチは,与えられた時間内に的確な情報を相手にわかりやすく伝えることが大切です。そのためには,スピーチの構成を練る必要があります。

2 緊張をやわらげる方法

大勢の人の前に立って話す場合,緊張してしまうのはしかたのないことです。しかし,緊張のあまり自分本来の力が出せなかったり,表現したいことがうまく伝えられなかったりすると,目的を達成することができません。緊張しないために,つぎのことを実行しましょう。

① 緊張は,自信のなさの表れ → 事前に練習できる場合には十分練習し,「やるだけのことはやった」と自分に言い聞かせ,自信をもつ
② 緊張は,うまく話そうとする焦りの表れ → 必要以上にうまく話そうと思わない
③ 緊張は,心の余裕のなさの表れ → マイクの前に立ったら十分に「間」を取り,落ち着いてから話を始める
④ 緊張は,大勢の視線に耐えられないことからくる心の動揺 → 聴衆のなかから,好感をもって聞いてくれていそうな人を見つけ視点を定める

3 スピーチの構成

スピーチの構成は,つぎのとおりです。
はじめのあいさつとテーマ 明るくさわやか,そして丁寧にあいさつします。
「おはようございます。ただいまより,○○についてお話いたします」

自己紹介　相手が知りたい情報を入れて自己紹介します。
　「私は，○○会社営業第1課の○○○○と申します」
内容の概略　比較的長いスピーチの場合は，ここで話す順序等を説明します。
内容説明　相手が興味をもちそうなエピソードなど具体性をもたせながら，話す順序を工夫し，わかりやすく説明します。
全体の要約　全体をまとめます。
　「本日は，○○について，○○○○の事例をもとにお話しいたしました」
最後の言葉　締めくくりの言葉とお礼を述べます。
　「以上をもちまして，私のスピーチを終了いたします。ご清聴ありがとうございました」

　　　　　　　　　　　　　　　　　　　　　　　　　　　　　（金子）

5 敬語（1）―配慮の言葉遣い―

1 敬語は「言葉の敬意表現」
　敬語は，話す相手や話題にのぼっている人に対する敬意を示す言葉です。相手を直接高めた言い方の「尊敬語」，丁寧な表現である「丁寧語」，自分を低めた言い方の「謙譲語」などがあります。

───── 敬　語 ─────

尊敬語	相手の動作，状態，物に対して特別な表現を遣い相手を高めることにより，相手への敬意を示す
丁寧語	丁寧な表現を遣うことによって相手への敬意を示す
謙譲語	自分の動作，状態，物に対して特別な表現を遣い自分を低めることにより，相手への敬意を示す

　相手に配慮した特別な表現のなかには，以上の三つのほかに，「へや」を「おへや」，「つとめ」を「おつとめ」というなど，言葉を美化する表現である「美化語」があります。美化語は，男性より女性が多く使う傾向があります。なお，例外はありますが，外来語には「お」や「ご」はつけません。

2 「配慮の言葉遣い」としての敬語
　敬語は面倒くさい，人によって使い分けるので差別につながる，などという人がいますが，はたしてそうでしょうか。現代の敬語は「配慮の言葉遣い」と考えるのが適当です。言葉遣いが丁寧で親切な人に腹を立てる人はいません。「慇懃（丁寧）が過ぎて逆に無礼に感じる場合はなきにしもあらず」ですが，敬語は，共有する時間や空間のなかで本来の目的を達成することに資する言葉遣いです。敬語は，相手を思いやる心の余裕があればなおいっそう遣い方が生きてくるものです。言葉遣いに配慮する人は魅力行動の人です。人間関係に適切な距離が必要なように，会話には適切な敬語が不可欠です。

　言葉遣い，態度，行動は生育歴や学習歴が影響し，性格は行動のパターンに表われます。行動文化は，行動だけでなく言葉遣いを含めたものです。言葉は行動を表わし，行動は言葉に表われるといえます。

3　敬称と職名

　敬称は,「さん」「様」のほか,「社長」「専務」「常務」などの職名があります。社内の人を社外の人に紹介するとき,「部長の〇〇が」などといい,敬称はつけません。ただし,社内であっても関係者の身内に対しては,「部長さんは今お帰りになりました」「課長さんにはいつもお世話になっております」など,職名に「さん」をつけるのが一般的です。

　ほかに,「社長様」というなど,「職名＋様」と二重敬語を遣うことがあります。実業の世界には,文法上あるいは事実として正しくなくとも相手によって臨機応変に言葉を使い分けるしたたかさがあります。教師でない人に対しても,「先生」と呼ぶのはその一例です。

4　話し方の工夫

　敬語は難しい,と敬遠する前に,「明るい・わかりやすい・人を傷つけない」話し方をしているかどうか振り返ってみてください。人と話すときは話題を整理し,ゆっくり話すことからはじめてみてはいかがでしょう。　　【2 参照】

（古閑）

6 敬語（2）—「するケン」「なるソン」—

1 謙譲6語

敬語を実際に遣うにあたって気をつけるポイントは，三つあります。その第1が謙譲語を適切に遣いこなすことです。たとえば，「申す，頂く」などの用法の間違いですが，これらは「ちょっといい言葉のようだから相手に遣ってみよう」と思い，しかし「ちょっと待てよ」と警戒心も働き，尊敬の助動詞「れる・られる」で保険をつけようとします。たとえば，「いま申されたことは…」「どうぞ頂かれてください」などとして相手に遣ってしまうことです。しかし，これらは基本的にへりくだる意味の謙譲語なので，いくら助動詞で飾ってみても，相手に対しては失礼になるのです。

謙譲語としてよく遣う「謙譲6語」を覚えて，これらは絶対に相手に対しては遣わないぞ，と肝に銘じることです。

ほかにも謙譲語は「承る，拝見する」などがありますが，これらで間違えることはほとんどないので，この「ウマイオイモ」を把握すれば大丈夫です。

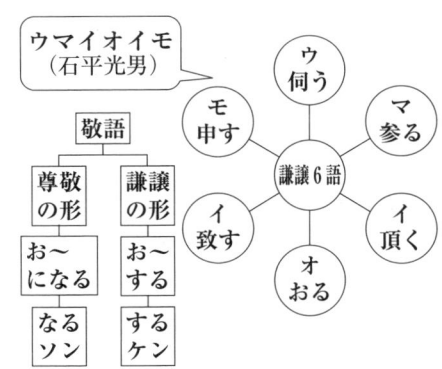

2 一般的な形

尊敬語は相手を立てて敬う言葉，謙譲語は自分を低めてへりくだる言葉ですが，どちらにもいろいろな動詞に対応して遣える一般的な形があります。それは，

　尊敬の形　「お〜になる」
　謙譲の形　「お〜する」

というもので，たとえば，「お読みになる」「お読みする」のように遣います。「お読みになる」はもちろん相手が読むことですが，「お読みする」は自分が読む動作のときに遣います。ところが，これも，「お」がついていい言葉のように思われるため，つい，相手がなにか持っていくのか尋ねるのに，「お持ちしますか」といったりしがちです。しかし，これに安全性をプラスして，「お持ちされます

か」としても，間違いです。

　基本形の「お〜する」を飾っても，その性格を変えることはできないのです。「お〜する」が謙譲の形であることを覚えてください。「する」が謙譲，「なる」が尊敬の形なので「するケン・なるソン」と呪文のように記憶してみるのもいいでしょう。

3　第三者の扱い

　ふつうに話していて，相手のことは尊敬語を遣い，自分のことには謙譲語を遣う，ということでは紛れはないと思いますが，話のなかに第三者が出てくると，やや複雑になります。しかし，これも，そんなに恐れることではありません。第三者が相手側に属する人であれば尊敬語を遣い，自分の側に属していれば謙譲語を遣えばいいのです。たとえば，同じく「社長」という人が話題にのぼったとき，相手の側の社長であれば，

　「おたくの社長さんは，いまおいでになりますか」

などと尊敬語を遣います。もし，自社の社長であれば，

　「はい，社長がそのように申しておりました」

などと謙譲語を遣えばいいのです。

4　例外的な「お」と「ご」

　相手の帽子やかばんであれば，尊敬の意味で「お帽子」「おかばん」となりますが，自分のものに「お」や「ご」をつけないのは当然のことです。ところが，「ご（お）返事」などの場合に，どうしたらいいか迷うことがあります。これには決まりがあって，自分のすることでも相手に対しての働きかけがある場合は，「お」や「ご」をつけるということです。

　たとえば，「ご（お）返事」「ご報告」「ご連絡」「ご相談」「ご挨拶」「ご招待」「お願い」「ご依頼」「お迎え」「お届け」などです。「お」と「ご」の遣い分けは，漢語には「ご」，訓読みの言葉（やまと言葉）には「お」というのが原則です。「住所」は「ご住所」，「ところ」は「おところ」です。

　漢語でも「ご（お）返事」のように日常語として頻繁に遣われるようになると，「ご」から「お」に変わる傾向があります。　　　　　　　　　　　　（石平）

7　プレゼンテーション―3Pと三つの構成要素―

1　プレゼンテーション

「プレゼンテーション」(Presentation) の源義は,「(なんらかの目的をもって,なにかを)前に(pre)出す(sent)こと(-ation)」です。人にプレゼントすることも,送り手の気持ちを表現することを目的に,品物をその方に差し出す行為です。

ビジネスにおけるプレゼンテーションは,「相手の注意を喚起し,興味をわかせ,理解してもらい,合意してもらい,そして,相手に自分の意図した行動をとってもらうことを目的として,(品物そのものではなく)考え,情報,あるいは,気持ちなどを,言葉と言葉以外の手段を使って,効果的に相手に伝える行為」です。

近年,このような意味をもつプレゼンテーションという言葉は,幅広く使われるようになりました。会議などでの企画発表のほか,研究発表,顧客への商品説明,自己紹介やスピーチ,就職の面接試験なども,すべてプレゼンテーションといえます。

2　成功するプレゼンテーション

プレゼンテーションに必要とされるものは,三つの"P"といわれます。一つ目がPersonality(人柄),二つ目はProgram(内容),三つ目がPresentation skills(技術)です。

プレゼンテーションを成功させるためには,これらの三つの要素について,つぎのことに気をつける必要があります。

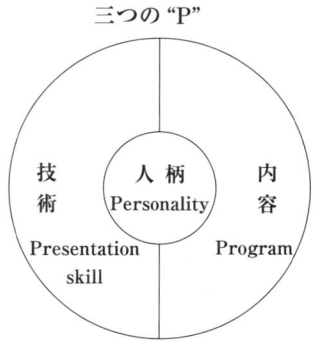

三つの"P"

人　柄　話す内容を効果的に聞き手に伝えるためには,聞き手から信用される人柄でなければなりません。そのためには,十分な事前準備をし,表情,動作,声の調子などにより,自信と熱意をもって伝えることが大切です。

内　容　まず,聞き手の求めていることを情報収集し,正確に理解したうえで

内容を構成することが大切です。そして，筋の通った一貫性のある話を展開し，聞き手を説得し，同意を得るための明快な結論にします。

技　術　筋の通った内容を椅子に座ってプレゼンテーションを行った場合よりも，筋のでたらめな内容を動きながら大げさなジェスチャーでプレゼンテーションを行った場合の方が，聞き手の満足感が高かったという実験があります。

これは人柄や内容はもとより，プレゼンテーション技術が重要であることを意味しています。体の動き，プレゼンテーションの構成，パワーポイントの適切な活用，具体的な品物の展示など，プレゼンテーションの技術を磨くことが大切です。

3　プレゼンテーションの構成

効果的なプレゼンテーションの構成は，つぎのとおりです。

①　プレゼンテーションの構成（全体像）を最初に示す

話の内容に入る前に，なんのために，なにを話すのかなどの全体像に触れる。

②　内容に入ったら，初めに結論を簡潔に話す

結論を簡潔に告げ，そのうえで理由や経過を順序よく話す。

③　話の締めくくりをする

話した内容をまとめ，とくに重要な点などを繰り返す。質疑応答の時間をつくっておき，聞き手に謝辞を述べて終わる。　　　　　　　　　　　　　（金子）

8 コミュニケーション—基本的な理解—

1 コミュニケーション

コミュニケーション（Communication）とは，一般的には，「知覚（した事柄），思考，感情に関する情報を伝えたり，受け取ったりする行為」と定義されています。「さまざまな情報を積極的に他者と共有し，他者との共存共栄を図る行為」ともいえます。人間はよりよく生きるために，他者の気持ちや考えを理解しながら他者との共存を図ることが大切です。その行為がコミュニケーションです。

2 コミュニケーションの分類

コミュニケーションは，手段，場，言語の種類，目的等によって，さまざまに分類されます。言語学的見地からは，コミュニケーションは言語によるコミュニケーションである「言語コミュニケーション」（Verbal Communication）とそれ以外の手段による「非言語コミュニケーション」（Non-Verbal Communication）との二つに大別されます。

なお，声の質・音量，話の速度，間の取り方，口調，抑揚，息の吐き方，言葉のアクセントなどは，「周辺言語」（Para-Language）と呼ばれます。これらは，言語そのものに付随する要素ですが，言語の内容そのものではなく，話し方であり，一般的には，非言語コミュニケーションのほうに分類されます。

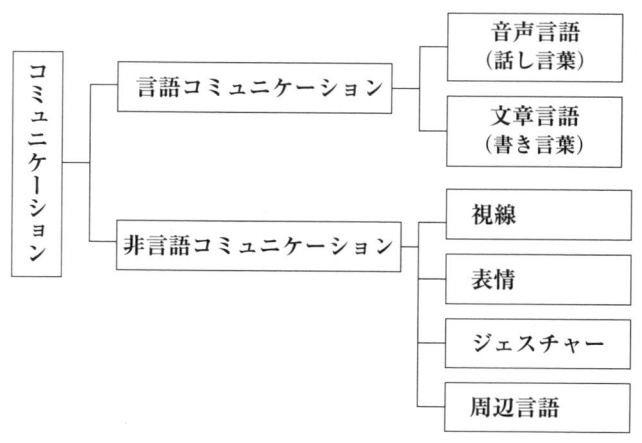

3　ビジネスにおけるコミュニケーション

　ビジネスにおけるコミュニケーションは，仲間内の会話と同列に考えることはできません。企業などの組織では，命令，指示，要請，依頼，情報提供など，相手の行動に影響を与えることを目的としたコミュニケーションが行われています。ビジネスにおいては，相手がなにを望んでいるのか的確に理解しながら，それぞれの場で適切な行動を取ることが求められています。　　　　　　　　（金子）

9　言語コミュニケーション―意義と技法―

1　言語コミュニケーションの意義
　人間は，コミュニケーションの手段・媒体として，動物と共通の要素である「身体の動作」に加え，「言語」も用いています。一部の動物には言語らしいものが認められていますが，人間ほど高度なレベルに言語を発達させている生物はいません。その意味で，言語によるコミュニケーションは，人間らしいコミュニケーションであるということができるでしょう。

2　ビジネスで必要な言語コミュニケーション技法
　受　容　相手の話を聞いているときは，聞いていることを相手に明確に伝えるために，単にうなずくだけでなく，「さようでございますか」「承知いたしました」「なるほど，そういう訳だったのですね…」などと，適切な言葉とともに相づちを打ちましょう。
　「うなずく動作」は視覚に訴えますが，非言語コミュニケーション（顔や声の表情等）を意識した「相づち」は，視覚と聴覚と感情に訴えることができます。
　明確化　コミュニケーション技法における「明確化」とは，相手がいいたいことを相手に代わって言語化することです。「…ということでしょうか」と相手の説明や話を自分が受け取る形で言語化し，明確化しましょう。
　要　約　相手の言っていることを互いに理解するために，話の区切りで要点をまとめます。「今のお話は…ということでよろしいでしょうか」などと，自分の理解が正しいかどうか確認すると同時に，相手との共通理解を促します。
　繰り返し　相手が伝えたことを復唱します。ポイントは「事実，考え，感情」の三種類です。なお，所属，氏名，伝言，電話番号，面談日程等，相手の重要情報は，「復唱いたします」「復唱させていただきます」「復唱させていただいてもよろしいでしょうか」などと前置きしてから，必ず復唱しましょう。
　肯定的な対話の継続　相手がなにをいっても反論せず，Yes/But法（「お気持ちは理解いたします。しかし，この場合は，…」などで）肯定的に対話を続けましょう。
　質　問　わからないことがある場合，その場でも聞きましょう。質問は，真剣

に聞いていることの表れでもあります。また，さまざまな質問を的確に行うことによって適切な情報を相手から引き出すことができます。　　　　　　（金子）

> **コラム2　表情にゆとりを**
>
> 　分かっているようで分かっていないのが自分の表情だ。あるミスコンテストの審査員になったとき，それを痛感したことがある。みんな魅力的ですばらしい女性なのに，待っているときの表情がいちようによくないのだ。自分にハイライトが当たっているときは，じつに生き生きとして魅力的に話しているのだが，焦点がほかの人に移ると，「待ち」の姿勢で暗くつまらなそうな顔になってしまう。
>
> 　それは，町を歩く一般の人びとも同じことで，見られていることを想定していない大多数の人は，顔も姿勢も生気に乏しく暗い表情をしていることが多い。家から一歩外に出れば，男も女も，いつも「だれかに見られている」と思ったほうがいいのではないかと思う。暗いニュースがはんらんするいまの社会をすこしでも明るくすることにつながるのではないだろうか。
>
> 　緊張しそうな場面では，意識して肩を一回持ち上げ，すとんと落としてからだ全体の力を抜き，穏やかな表情になるよう気をつけている。こつのひとつは，歯をかみ締めないで浮かすようにすることだ。

10　非言語コミュニケーション―手段と活用―

1　非言語コミュニケーション

　非言語コミュニケーションとは，言葉以外の手段を用いたコミュニケーション（メッセージのやり取り）です。身振り，姿勢，表情，目線に加え，服装や髪型，声の調子や声質，さらには，身体接触，対人距離，座り方・歩き方などの身のこなし方，時間に対する観念と行動なども，非言語コミュニケーションの範疇に入ります。

　たとえば，「話し方がたどたどしいことから相手に対してもった印象」や「字が乱れていることからくる印象」は非言語のメッセージということになります。

　非言語コミュニケーションの多くは文化によって異なりますが，人間の基礎的な感情である，怒り，失望，恐怖，喜び，感情，驚きなどに対する表情は，心理学的研究の知見から，人類に普遍的なものとされています。

2　ジェスチャーとボディーランゲージ

　「ジェスチャー」（Gesture）とは，言葉とともに頻繁に使用される「他の人になにかを伝えるためにする身振り手振り」のことです。

　一方，「ボディーランゲージ」（Body Language）は，言葉を用いずにジェスチャーだけで様子などを表わし，相手に自分の意志を伝える方法のことです。具体的には，めくばせ，手によるさまざまな合図，舌打ち，身体の姿勢などです。

　ボディーランゲージは文化的な約束事を知らないと理解できないことが多く，ジェスチャーはそのような文化的知識の影響が少ないといわれています。

3　非言語コミュニケーション手段の活用

　言語および非言語コミュニケーションを適切に使用することによって，効果的な会話，説明，プレゼンテーションを行うことができます。とくに，ビジネスにおいて，適切なアイコンタクトをとったり相手の話を聞くときにメモをとったりする行為は，相手の信頼を得るうえで重要な非言語コミュニケーションであるといわれています。

〈金子〉

11 アサーティブ・コミュニケーション
―ビジネスにおける DESC 法―

1 アサーティブ・コミュニケーション

「アサーティブ・コミュニケーション」とは,「相手の気持ちに配慮しながら,自分の気持ちや考えを素直に率直に相手に伝えること」です。近年,人権意識の高まりによって,その重要性が注目されるようになりました。

ビジネスにおいては,自分の「気持ち」や漠然とした「考え」ではなく,さまざまな事情を考慮したうえで,自分の「意見」を主張していくことが大切です。「ビジネスにおけるアサーティブ・コミュニケーション」は,「意見の正当な主張」ということができます。「意見の正当な主張」とは,「相手の立場や意見を考慮に入れ,自分の意見を冷静かつ率直に,自分の権限の範囲で筋道を立てて論理的に述べること」です。

2 「意見の正当な主張」が必要な場合

ビジネスでは,意見を主張しなければ,組織的にも個人的にも不利益をこうむることがあります。たとえば,つぎのようなときは,なるべく早い時点で,戦略を立て冷静に筋道を立てて相手に意見を伝えましょう。

- 自分にも意見があると思ったとき
- 上司や先輩の意見よりも,自分の意見がよいのではないかと思われたとき
- 相手の要望を断りたいとき
- 相手を注意したいとき
- 身に覚えのないことで他人から咎められたとき
- 自分の不本意な形で他人から利用されたとき
- 他人から無神経な発言を受けたとき

3 コミュニケーションの四つの型

コミュニケーションの類型には,大別するとつぎの四つの型があるといわれています。

> 攻撃型　相手より優位に立とうとし，相手を攻撃するパターン
> 服従型　自分を卑下し，不用意に相手に従ってしまうパターン
> 作為型　相手を利用して，自分が優位に立とうとするパターン
> アサーティブ型　他者の権利を侵さない限りにおいて，自分の権利のために自己責任において立ち上がるパターン

　より有意義でより効果的に仕事を遂行していくためには，自分がどの類型なのか，あるいはどのパターンに陥りやすいかを自覚し，アサーティブ型のコミュニケーションを積極的に行っていく必要があります。

4　「意見の正当な主張」の重要性

　意見を正当に主張することにより，より良い人間関係の構築が期待できます。現代のビジネスで最も重要だとされている時間とエネルギーが節約でき，それにより，ビジネスにおいて双方が利益を得る機会に恵まれると考えられます。

　また，意見を正当に主張することによって自己コントロール力が増大し，自分に対する自信の向上にもつながります。自己の責任は増しますが，ビジネスや一般的な社会生活において，自分の行動に責任をもつことは必須であり，その態度が相手から信頼を得ることにつながります。

5　「意見の正当な主張」のしかた

「意見の正当な主張」の手順は，つぎを参考にしてください。
① 　個人的な欲や偏見が本当にないかどうか，自問自答しましょう。
本当に会社のためなのか。客のためなのか。
② 　主張する時や場所は適切かどうか，考えましょう。
③ 　声，話し方，表情，視線，体の動きをチェックしましょう。
大きな声を出し過ぎていないか。自信なげな小さな声ではないか。
④ 　「私言葉」（I message）による発言をしましょう。
（×「あなたは…だ」　○「私は…と思います」）

6　DESC法

　アサーティブ・コミュニケーションの方法として，ビジネスにおけるDESC

11 アサーティブ・コミュニケーション―ビジネスにおけるDESC法―

法を紹介します。

> **D：Description**（描写）：事実を冷静に描写する
> （事実に対しては反論できません）
> **E：Explanation**（説明）：自分はどう思うのか，冷静に説明する
> **S：Specification**（特定）：そのことに関して，具体的に提案する
> **C：Consequence**（結果）：提案の結果を述べる

例　部下がいつも遅刻する場合
D：「もう9時だよ。君の出勤予定時刻は8時30分になっていたよね」
E：「出勤時間は，社内の規律にも関わる問題なので，守ってほしい」
S：「朝出かける時間を1時間早めてみてはどうだろうか」
C：「そうすれば，電車だって混んでいないし，もう少し余裕をもって仕事を始められると思うよ」

（金子）

2章　おとなの魅力行動

12　お辞儀—身につけたい4種類—

1　礼儀正しいお辞儀

　礼儀には，①辞儀，②書儀，③行儀，の三つがあります。それぞれ「あいさつの作法，手紙や文書の作法，立ち居振る舞いの作法」のことです。これらが礼にかなっているのを「礼儀正しい」といいます。「礼にかなう」とは，相手を敬い，軽々しい態度をとらないことです。礼儀の本意は「心がこもっている」ことです。お辞儀もそうあるのが大切です。

　お辞儀は，「腰を曲げて頭を下げる身体の型」ではありません。行動の質・量・形・意味に魅力を付与した「魅力行動」としてのお辞儀を身につけましょう。

2　お辞儀の種類と形

　お辞儀は，立って行う「立礼（りつれい）」と座って行う「座礼（ざれい）」があります。対象は，生きている人だけではありません。故人や目に見えないなにものも含みます。よいお辞儀の前提はよい姿勢です。よい姿勢とは，額を立て，頭頂を天地と一本の線で結んだ形のことです。すると，腰が安定し，体が容易に動いたりしません。"額"を意識することにより，視線の行方（ゆくえ）が定まります。

　お辞儀は頭を下げるというより，腰から頭まで一直線にし，腰を曲げます。顎（あご）を引き，場にふさわしいお辞儀をします。お辞儀の深浅により，そろえた両手は大腿部の適切な位置に置きます。手の正しい位置は，①会釈→股（もも）のつけね，②敬礼→大腿中央，③最敬礼→膝頭の上，④拝礼→膝上，です。

12 お辞儀―身につけたい4種類―

拝礼
(90度)
膝上

最敬礼
(45度)
膝頭の上

敬礼
(30度)
大腿のまんなか辺り

会釈
(15度)
股のつけね

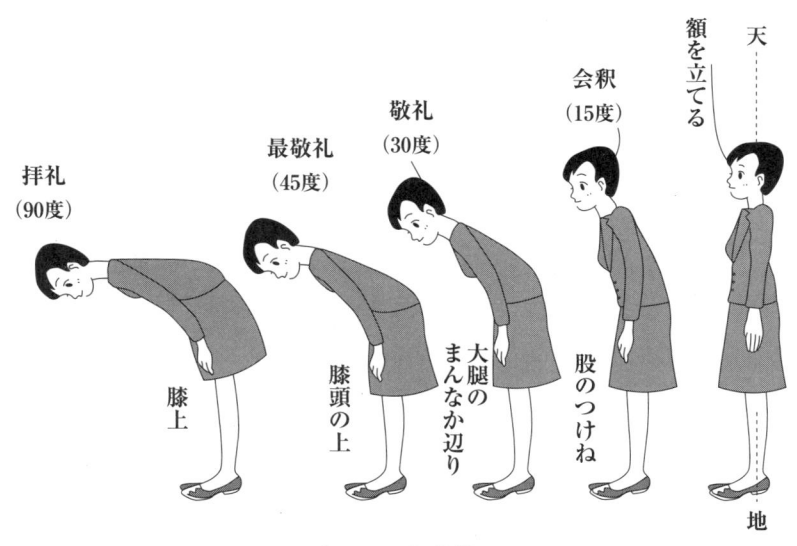

天
額を立てる
地

立ってのお辞儀

膝の後ろが椅子に接するくらいの位置に立ち，背筋を伸ばして腰かけます。

椅子の下座側の横に立ち，下座の足を前に進めます。つぎに上座の足を前に進めながら，横に開いて椅子の前に進み，下座の足を揃えて，静かに腰かけます。

(L字)

椅子の腰かけ方

3　お辞儀と「止めの作法」

　お辞儀は，行う相手の手前で足を止め，正対もしくは正面をよけて行います。屈体し体を止めたところで息を吐き，吐き終えたら息を吸いながら上体を起こします。元の姿勢に戻り息を吐きます。すると，肩の力が抜けて発声しやすくなります。お辞儀をはじめ日常の動作に，呼吸にあわせて体を静止させる「止めの作法」を身につけましょう。相手の呼吸に合わせたお辞儀ができます。

　目上の人，上司，顧客等に対しては，相手より心持ち深くお辞儀をします。適切な距離をとって行うと，見た目も美しいといえます。お辞儀の深浅＝角度ではありません。体を「止め」た態度は心を込めることによって，重々しさや恭しさを表現する魅力行動となります。

（古閑）

13　身だしなみ—五つのポイント—

1　身だしなみ

「身だしなみ」(身嗜み)と聞くと，ほとんどの人は「衣服のこと」と答えます。しかし，身だしなみは衣服のことだけではありません。辞書に，①身のまわりについての心がけ。頭髪や衣服を整え，ことばや態度をきちんとすること，②教養として，武芸・芸能などを身につけること。またそれらの技芸，とあるように(広辞苑)，身だしなみは外見と内面から考えたい事柄となります。

「あの人は身だしなみがよい」といえば，それは，心がけのよさや，頭髪や身なりが整っている様子のほか，言葉遣いや態度がきちんとしている，スポーツや茶道・華道などの素養を身につけている，という意味があります。身だしなみがよい人は，見た目や行動のしかたがよいため，他人に好印象を与えます。

2　元服と身だしなみ

日本の「元服(げんぷく)」の儀式は，古くは貴族階級の男子の成人式のことです。「元服」は，「頭」と「服」のことです。髪の結い方を変えて冠をつけ，おとなの服を着装する儀式は，本人の意識に変化を生じさせ，行動のしかたや言葉遣い，そして態度に変容をもたらしました。周囲の見る目や接し方も当然変わります。

とはいえ，早く一人前になりたいと考え，それを実行する人ばかりではありません。現在，一人前になるのを先延ばししたいと考える若者や，それを許容するおとなが増えているのは考え物です。一定の学業を修めて社会に出る人たちは，身だしなみを整え，おとなとして行動することが期待されています。

3　よい身だしなみ

よい身だしなみとはなにかを，「髪形，服装，言葉遣い，態度，心がけ」の観点から考えてみましょう。身だしなみを整えるのは，自己の教養や存在価値を高めることであり，他者への配慮であり，おとなの魅力行動です。

(古閑)

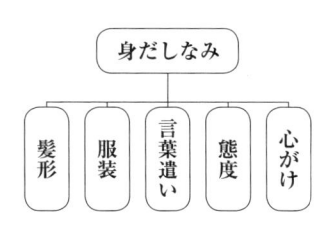

14　態度—「態度がよい」とは—

1　「態度」のよさ

　人を評価して「あの人は態度がよい・わるい」などということがあります。態度に注目する度合いは高く，それは，相手の表情や身振り，言葉遣いなどを総合的に考慮することです。私たちは，五感，なかでも視覚から多くの情報を得ています。つぎが聴覚です。また，第一印象は持続することが知られています。

　態度の善し悪しが印象を左右し，生活や仕事に影響を与えることは読者の方々も薄々気がついていることと思います。一つには，それは，態度と感情は密接な関係にあるからです。しばしば，内面の思いは外面の態度となって表われるなど，感情表現と態度表現は両輪の関係といってよいものです。

　「態度がよい」というなかには，物事への対処や行動のしかた，考え方がよいことを含みます。私たちは，堂々たる態度に眼を奪われ，筋を通す態度に感服し，失敗しても率直に謝る人や悪いことをした自分を反省し態度を改める人には寛大に接します。人生には，態度がものをいう場面は何度もあります。

2　「態度能力」の四つの特性

　知能，技能につづく「第三のモノサシ」として「態度能力」を提唱した本明は，「態度能力は後天的に養成される能力であり，その点で性格とは異なる概念である」と紹介しています。態度能力の内容として，四つあげています（本明寛[1997]98〜99頁）。

① 対人関係をよくする特性（対人親和）　協調性，指導性，共感性
② 目標達成の原動力となる特性（モチベーション，創造性）　積極性，慎重性，責任感，活動性，持久性，思考性，自主性
③ 感情・情緒面を制御する特性（コントロール力）　自己信頼性，感情安定性
④ 社会的規範を守る特性（役割意識）　規律性，従順性

　こういった特性は，社会の一員として生活する私たちに，どれも必要といえる能力です。

3　態度や振る舞いの魅力行動

　態度や振る舞いには，身体が示す"形"が無視できません。魅力行動は，① 腰骨を立て姿勢をよくする，② 顎を引き唇は軽く結び，舌は口蓋(こうがい)につける，③ 下腹に軽く力を入れる，などの身体の構えを身につけることで行動を表現しやすくなります。感情をコントロールし，行動能力を高める体勢です。

　これらを鍛錬すると，態度や振る舞いの能力が向上し，じわじわと人間力がついてきます。よい態度には，人を引きつける「力」があります。　　　　（古閑）

15 紹介のマナー―求められる慎重な態度―

1 紹　介

　紹介は，本来，人にしてもらうものです。「紹介」には，「① 人と人との間に立ってとりもちすること。なかだち。ひきあわせ，② 情報を伝えること，未知の物事を広く知らせること」という意味があります（広辞苑）。

　人と人（人と団体，団体と団体）を仲介するには，双方をよく理解していることが前提です。

2 紹介のしかた

　性別に関係なく，① 年少者を年長者に，② 職位が下の人を上の人に，紹介します。ビジネスでは，自社の関係者を取引先・顧客（クライアント）に紹介します。紹介は，原則として，お互いに起立して行います。

　人であれ物であれ，紹介するとなれば責任が伴います。紹介は軽はずみに行うものではなく，慎重な態度が求められます。情報は最新の事実とし，悪意を伴って紹介したり恥をかかせるような紹介をしたりしてはいけません。

3 自己紹介のしかた

　自己紹介には，自分から行う場合と人に紹介されてから行う場合があります。つぎは，注意事項と，あいさつの例です。

　① 姿勢を正して立つ
　② アイコンタクトする
　③ 声を出してあいさつする
　④ 所属と名前を名乗る

●**自分から行う場合**

　「はじめまして。〇〇大学△△学部3年の日本太郎です。現在，就職活動中です。よろしくお願いします」

　「おはようございます。この春入社し，営業部に配属になりました日本花子と申します。どうぞ，よろしくお願いいたします」

●人に紹介してもらう場合
「はじめまして。○○大学短期大学部2年の日本花子と申します。○○先生にご指導いただいております。どうぞ，よろしくお願いいたします」
「ただ今ご紹介いただきました，日本太郎と申します。○○様には大変お世話になっております。どうぞ，よろしくお願い申し上げます」

4　だれかに紹介してもらいたいとき
つぎのようにお願いしてみましょう。
「お願いですが，私を○○社の△◇様にご紹介いただけないでしょうか」

5　英語の紹介のしかた
●くだけた言い方
　This is Ms. B. (Ms. B, this is) Mr. A.
　（こちらは，Bさんです。（Aさんを紹介しながら，Bさんに対し）（Bさん，こちらは）Aさんです）

●一般的な言い方
　Mr. A, I'd like to introduce Ms. B.
　（Aさん，Bさんをご紹介します）　　　　　　　　　　　　　　（古閑）

16　笑顔—効用とエネルギー—

1　「笑う」ということ

　笑うのは人間だけでしょうか。動物にもよりますが，種によっては笑っているようにみえることがあります。そんな表情に，人間はなぐさめられたり癒(いや)されたりします。しかし，複雑な表情で笑ったり，心と裏腹の笑いや笑いに意味をもたせたりすることができるのは人間が断トツに長(た)けています。「笑う」ことは，人間の特別の能力といってもよいものです。

2　笑顔の効用

　笑顔が人間関係におよぼす効用は，表情研究からも明らかです。他人に好印象を与える笑顔といえば，邪気(じゃき)のない赤ちゃんの笑顔にかなうものはないでしょう。口角(こうかく)が自然と上がり顔の中心から笑顔が広がるさまは，人を引きつけ，安心感や幸福感に満たされ，心が開放されるようです。笑顔は，身体の開放感の表現となる重要な魅力行動です。笑顔は，近くで見たり見せたりすることで効果が倍増します。

　不特定多数の人びとと接する職場で，快適に過ごすことや快適に過ごしてもらうことを考え，笑顔で行動することは，仕事の能率や内容を良くする下支(したざさ)えとなります。笑顔で生活し仕事をすることは，場の環境の向上に有形無形に貢献します。笑顔がいい，と褒(ほ)められたら素直に喜びましょう。

3　笑顔のエネルギー

　日々の生活を豊かにと願うなら，笑顔の教養が必要です。笑顔は豊かな表情の象徴であり，世界共通のコミュニケーションです。笑顔が重視されるのは，それが，相手を受け入れる余裕を示し，硬直した場面を打開する威力があると知ってのことです。ビジネスにも笑顔が期待されるのは，良い印象を与え場が和やかになるほか，仕事を理解し，仕事に余裕をもって取り組んでいるのが伝わる身体表現だからです。

　笑顔で接客する人，笑顔で話す人，笑顔で人の話を聞く人，そして，笑顔で感謝する人に対し，人は好感をもちます。そこには，良い空気がかもし出されま

す。良い空気は「魅力行動のエネルギー」を発散します。笑顔は，場が魅力行動のエネルギーに満ちていることを証明する身体表現なのです。　　　　　（古閑）

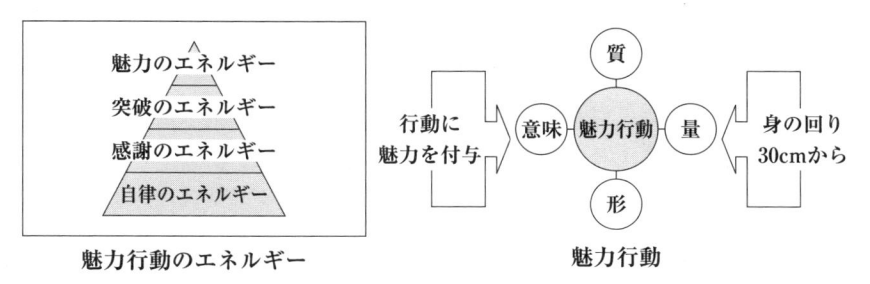

魅力行動のエネルギー
- 魅力のエネルギー
- 突破のエネルギー
- 感謝のエネルギー
- 自律のエネルギー

魅力行動
- 行動に魅力を付与 — 意味
- 質
- 量
- 形
- 身の回り30cmから

17　アイコンタクト―見方とはずし方―

1　コミュニケーションと目の役割

　コミュニケーションには身体の部位はどれをとっても重要です。語らずとも，肌の状態や挙動が雄弁に人の真実を語っていることがあります。その道の専門家でなくても，顔色が悪ければ体調不良を疑います。

　なかでも，「目は口ほどに物をいう」「目は心の鏡（窓）」といわれるように，昔から，目は心や意志を表わす器官と考えられていました。アメリカの心理学者たちが呼んだ，"eye to eye contact"（目と目の接触：アイコンタクト）は周知の事実です。

2　視線は硬軟と時間に配慮

　アイコンタクトは，そのしかたによっては有効なコミュニケーション手段になります。たとえば，相手の目を直視したり凝視したりすることで熱意や集中を訴える力を発揮します。その一方，そうした視線が窮屈さや逃げ場のない追及的態度を感じさせ，相手を動けなくさせることさえあります。

　視線は硬軟と時間に配慮します。じっと見つめ続けるのは，恋人同士はともかく，職場や公的場面の魅力行動としてはふさわしくありません。それは，幼稚で無礼な態度となります。

3　視線の"はずし方"

　魅力行動学研究は，身体が内包するあいまいさや揺らぎに関心を抱くものです。それらは，心の柔軟性にも通じることです。タイミングよくそれとなく視線を向けたり受け止めたりするアイコンタクトは，高度な魅力行動です。

　アナウンサーの教育では，視線を軟らかくするために，目と目の間を「焦点をぼかして見る」という指導をしますが，これは，習得するのに困難さを伴う高度な技術です。

　「ネクタイの結び目を見る」という指導は，"目を見ていない"ことになり，誤った指導となります。アイコンタクトは，接触のしかたや受け止め方だけでなく，"はずし方"が大事です。はずすさいは，さりげなく視線を移動させます。

4 見られたくないとき，見ないとき

　やましいことがあると他人の眼差しが気になります。人に見られるのを拒否したり恐れたりするのは，失敗や罪を犯すなどして相手から自分を隠したいときや自信を失っているときなどです。

　意識的・無意識的な「見ない」行為は，ものごとの改善や解決を遅らせがちにします。真実を見ようとする態度がないと，自分をごまかしたり不正を見逃したりすることになりかねません。「見る力を養う」といいますが，ものごとに対し，単に目をやるだけでなく，奥深くしっかりと見る力を養いましょう。　　　（古閑）

18　対人距離—人と人との距離—

1　対人距離

「対人距離」を研究したホール（Hall, E. T., 1966）は，動物の行動にヒントを得て，人間にも同様な個体の空間（縄張り→パーソナルスペース）があると考えました。私たちは，普段，相手との関係を意識的・無意識的にはかったうえで適当な距離を保ち，もしくは保つべく行動しています。それが破綻すると，肉体的・精神的苦痛を感じる事態に陥ります。

通勤ラッシュの車両に人びとが詰め込まれたところは，異常空間以外のなにものでもありません。それを回避しようとして，大方の人は，他人を無視するか自分の世界にこもる行動をとっています。これは，自分の身を守る行動選択の一つです。

人と人との"距離"が，人間関係や情報伝達におよぼす影響は少なくありません。ホールによれば，対人距離はつぎのようになります。

対人距離	
密接距離	0〜45cm
固体距離	45〜120 cm
社会距離	120〜360 cm
公衆距離	360cm 以上

2　「対人距離」の応用

初対面かそうでないか，つきあいの親疎，場の設定，物品が介在するか否かなどにより，対人距離は変化します。文化，生育歴，学習歴などによっても，人の，距離に対する認識および行動は異なります。

人間が相対したとき，目を合わせなければ生理的に興奮しなくてすむ距離は88cm，という報告もあります（岡本，1999）。これは，茶室で相対するときの，ギリギリの距離です。密談するとき，人は目を合わせたのち，耳に口を寄せたり声をひそめたりして話します。密室の会合で顔や体を近づける行動がある反面，開かれた会合で用心し，わざと距離をとったり顔を背けたりする場合もあり，距離だけでなく態度や表情に注目する必要があります。

お辞儀や握手など，あいさつのしかたによっても対人距離は異なります。お辞儀は，頭がぶつからない距離を瞬時にはかって行います。儀式儀礼的な場面では，計算された距離のなかで行動するのが美しいとされます。人は，近しい間柄

を隠すためにわざと距離をとったり，近しいことを強調するために公衆の面前で相手に声をかけたり肩を抱いたりするなどさまざまなパフォーマンスを行います。

　このように，人は自然的行動のほか計算づくの行動をします。「計算づく」は計算高い行動以外，用心や思慮深い行動の魅力行動となります。人は，人の行動を見て正しく判断するだけでなく恣意的な解釈を行うことがあります。相手との距離をはかり的確に行動する魅力行動力を身につけましょう。　　　　　（古閑）

19　魅力行動―「さささ親切」の提唱―

1　「エチケット」の語源

　フランスの太陽王 ルイ十四世の時代，ヴェルサイユ宮殿で通行札（チケット）が発行されました。エチケット（etiquette）は，ここから派生したことばです。"チケットを身につけた人"は，宮殿に出入りするにふさわしい"格調高い礼儀作法を身につけた人"というお墨付きを得た人たちのことで，貴族など上流階級の人びとを対象としたものでした。

　今日でも世界で，皇族や王族の人たち，一部の上流階級の人びとは礼儀作法のお手本とみなされています。しかし，礼儀作法は，"エチケット"という言葉が生まれる以前から，注目され実行されているものです。格調高い礼儀作法は挑戦するに値し，エチケットを身につけた振る舞いは魅力行動となります。ちなみに，エチケットとマナー（manners）は，同義語といってよいものです。

2　日本におけるマナーの昨今

　16世紀に来日した宣教師たちは，上流階級の人びとのほか庶民までもが礼儀正しいことに驚き，そのことを本国に書き送っています。明治期の小泉八雲（こいずみやくも）（1850～1904，ギリシア生まれのイギリス人。前名はラフカディオ・ハーン。日本に帰化）しかりです。八雲は，「この国で最も好きなのは，その国民，その素朴な人びとです。天国みたいです。世界中を見ても，これ以上に魅力的で，素朴で，純粋な民族を見つけることはできないでしょう」と友人に書き送っています。

　今日，社会で散見される軽佻浮薄（けいちょうふはく）な行動の影響を排除し，先人の善き振る舞いや行動倫理を学び，自分を知り他への理解を深めたいものです。そして，必要で適切な魅力行動を一つずつ身につけていきましょう。公衆の面前で，自分以外の人は目に入らないかのような行動は慎みたいこととなります。たとえば，通勤電車内で化粧したり飲食したりするなどです。

3　行動規範と「さささ親切」

　行動は，他人に恥じないという行動規範のほか，自分自身に対し，そして天地

に恥じない行動こそが心がけたいことです。"気持ちのよい礼儀作法を身につけている人"としてあなたや私がいる，そういう廉恥(れんち)に満ちた社会にしたいものです。

　魅力行動として，古閑は「ささささ親切」を提唱しています。ささやかですが，日々実行すれば魅力行動にふさわしい振る舞いとなります。
　　　　　　　　　　　　　　　（古閑）

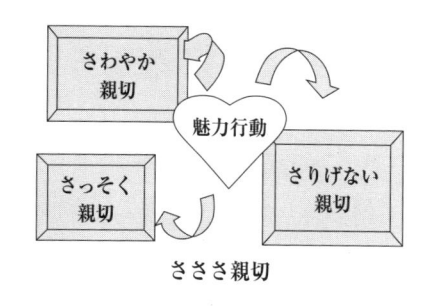

ささささ親切
- さわやか親切
- さりげない親切
- さっそく親切
→ 魅力行動

20　和室の立ち居振る舞い——一味違う魅力行動——

1　訪問時の注意

「和室に通されてこまった」「和室でどう振る舞えばよいかわからない」ということはありませんか。戦後，急速に洋風建築が普及し和風建築が減ったことにより，畳，障子，襖，床の間，欄間，たたき，上がり框，などといった言葉や，実際を知らない人が増えています。

しかし，生活全般は洋式でも土足で室内を出入りすることはなく，玄関等でいったん履物を脱ぐ伝統的生活様式はそのままです。客を迎える側は，部屋をしつらえて迎えます。「しつらえる」とは，「きちんと，または美しく整えること」です。その空間に土足で入るようなまね（無礼なさま）はあってはなりません。

玄関先では履物や衣服の埃を払ってから，インタフォンを落ち着いて押します。三度以上押すと呼び立てるように聞こえるので控えます。約束して訪問する場合，夏は汗が引いてから，冬はコートやマフラー，手袋などは玄関に入る前にはずしてから，案内を請います。そのさい，「ごめんください」などと声をかけましょう。

履物は中に向かって脱ぎ（入船の向き），玄関側に向き直って端に揃えます（出船の向き）。コート類は，玄関の邪魔にならないところにまとめて置きます。風呂敷を持参し，包んでまとめておくのはゆかしい心遣いです。貴重品は，携帯します。

多人数で訪問するさいは，代表者が名乗ります。雨のときは，靴下や足袋の替えを用意しましょう。

2　室内の出入りのしかた

和式の作法は，座って行うものが主です。和室の立ち居振る舞いで気をつけたいのは，つぎのことがらです。

（1）　入室前の襖や障子の開け方

襖や障子の前では，いったん座ります。座り方には，跪座と正座があります。跪座は踵を立てその上に尻をのせ，正座は尻を踵の上に平にのせます。

襖や障子は，手を交互に使って開閉します。後ろ手で開閉したり，部屋の出入

20 和室の立ち居振る舞い——一味違う魅力行動—

りのさい敷居を踏んだりしないようにします。

跪座の姿勢で行う作法

① 襖・障子の中央正面に位置して跪座し，引き手に近い手を引き手にかけ，指が入る分だけ襖・障子を開ける。② 使わない手は，指を伸ばし膝の脇に立てる。③ 引き手にかけた手は畳から10cm上ほどのところまで襖・障子に沿っておろし，身体の中央まで移動させる。④ 手をかえて襖・障子を開け，会釈し膝を進めて室内に入る。⑤ 向き直って襖・障子を閉め，あらためて正式にあいさつする。

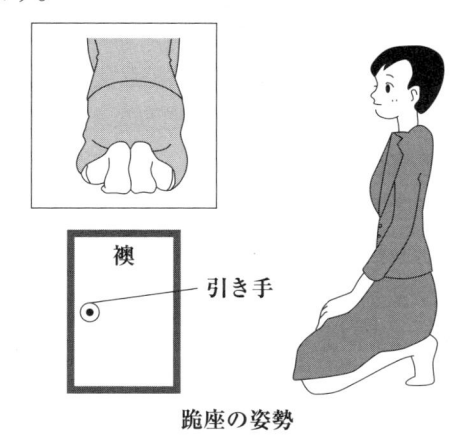

跪座の姿勢

正座の姿勢で行う作法

正座し，① 建付けに近い手を引き手にかけ，手が襖・障子に入る程度に開ける。② 同じ手を下から24cmくらいのところにかけて体の中央まで開ける。③ 手をかえて最後まで開くようにする（裏千家）。使わない手は太ももの上に置く。

正座の姿勢

(2) 座って行うあいさつのしかた

芸道や武道などを稽古している人は，それぞれの師（指導者，先生等）の教えや流派の方式で行うとよいでしょう。お辞儀しながら，畳に向かってあいさつの言葉を述べるのはスマートな態度とはいえません。

相手の顔を見て，「お招きいただき，ありがとうございます」「楽しみに伺いました」などといったあとにお辞儀します。両膝に置いた手は，前傾姿勢にともない自然に身体に沿わせ前に延ばします。両脇を締めると体全体が引き締まって美しくみえます。

(3) 自分の席への移動

入室したら先客にあいさつします。座っている人の前を通るのは遠慮します。後ろが空いていない場合，「前を失礼いたします」といってすばやく静かに通り，着座します。

(4) 座布団の座り方

座布団は，輪の縫い目がない方が正面で，中央の閉総(とじふさ)のあるほうが表です。前に人が使用したからといって，裏返して使うのは正式ではありません。一般には，客が来る前に敷いておきます。持ち出すさいは，正面と表に注意し，静かに畳の上に置きます。

座布団の座り方の魅力行動は，つぎの4点です。
① 座布団の下座に座ってあいさつし，勧められてから座る
② 座布団の上に立たない。膝を進めて座布団の上に体をのせてから座る
③ 謝罪など，訪問の理由によっては勧められても座らない
④ 待つ間，座布団に座わっている人は，相手が入室したら座布団をおりてあいさつする

歓談中や商談中，正座が苦痛になった場合，重ねた親指を組み替えるか，申し出て許可を得てから足をくずします。また，立つときは急に立たず，跪座の姿勢になり十分しびれを取ってから立つと粗相しないですみます。

3 トイレの借り方

訪問先でトイレを使いたいときは，「手を洗いたいのですが」「顔を直したいのですが」などといって借ります。手を拭きながら洗面所を出るのは，みっともない姿に映ります。できれば，事前に用を済ませてから訪問しましょう。（古閑）

3章　パーティの心構え

21　パーティの種類—知っておきたい10のパーティ—

1　パーティのマナーの基本

　社会人になると，ビジネスでもプライベートでもさまざまなパーティに出席する機会が増えます。招かれたら，パーティの種類や目的，日時などを確認し，場にふさわしいもしくは指示された服装で出席します。会場では，ホスト，ホステス，主賓には必ずあいさつし，着席の場合は両隣り，立食の場合はできるだけ多くの人とあいさつします。早すぎる到着や遅刻は失礼です。会場に入るまでの時間を計算して仕度しましょう。

　服装は重要なチェック項目です。招待状に「平服」とあっても，それは「普段着」を意味しません。不明な点は，主催者側か上司などに確認しましょう。洋装も和装も，正装の基準は，パーティの趣旨，地域，既婚か未婚かなどによって異なることがあります。一人だけ場違いな服装や言動をしないよう注意しましょう。

2　パーティの種類と服装

種　類	内　容	服装例
(1) ブレックファースト・パーティ（Breakfast Party）	朝食を共にしながら歓談します。時間の有効利用の点からビジネスで活用されています。	仕事に直行することが多いので，スーツのほか各自の職場に応じた服装が適当です。業界によっても，服装の許容範囲は異なります。
(2) ランチョン・パーティ（Luncheon Party）	ディナー・パーティにつぐ規模のパーティです。	男性は背広にネクタイ，女性はワンピース，スーツなどを着用します。アクセサリーは真珠等が望ましく，一般にも光る素材は夜のパーティに着装します。

3章　パーティの心構え

(3) ティー・パーティ （Tea Party）	夕食前に開く茶会です。ソフトドリンク，菓子，サンドイッチなど，軽食が用意されます。打ち上げ等として社内で開く場合，三々五々参集し散会するのが一般的です。	男性は背広にネクタイもしくはスカーフ，女性はシルクのワンピースやスーツなどを着用します。他家を訪問する場合，体にぴったりしたパンツ等はふさわしくありません。
(4) カクテル・パーティ （Cocktail Party）	夕刻に，カクテルを主体にした飲み物と軽食を用意して開くパーティです。ディナー・パーティの前に開くこともあります。ホテルや自宅等の屋内外で行います。	男性は背広にネクタイを着用し，女性はワンピースやロングドレスを着用します。
(5) ディナー・パーティ （Dinner Party）	午後6時以降に開催される，最も正式なパーティで「晩餐会」のことです。フランス料理のフルコースが饗されます。着席して食事をします。	男性は，夜の第一礼装もしくは準礼装（ブラックタイ），同伴の女性はこれに準じます（ロブデコルテ）。ブランドのロゴ入りの大きなバッグや爬虫類のバッグ，靴などはタブーです。皇室や政府が関係するパーティが最高に位置づけられます。企業等では，製品完成の披露宴，創立記念日などを祝して開催します。
(6) ビュッフェ・パーティ （Buffet Party）	立食形式の，多人数に対応するパーティです。	男性は背広にネクタイ，女性はスーツのほか，パンツスーツなど動きやすい服装を着用します。
(7) ガーデン・パーティ （Garden Party）	戸外で行う大掛かりな茶会のことで，「園遊会」とも呼ばれます。一年の最も快適な季節に，戸外での飲食と歓談を楽しみます。模擬店が出ることがあります。	季節やその日の天候，主催者や目的に応じて第一礼装から軽装まで幅広く考慮します。日本では，皇室や官邸主催のものが最高とされます。
(8) オープニング・パーティ （Opening Party）	新規開店や展覧会初日などにセレモニーとして開くパーティです。アルコール類や軽食が用意されます。会費制の場合もあります。	会場によっては，個性豊かな服装がふさわしいとされます。会場や目的に関する情報を正確に入手し，服装プランを立てましょう。
(9) サプライズ・パーティ （Surprise Party）	主賓には知らせずに，驚かせるために行います。「サプライズ」の趣旨をよく理解し，事前に本人に漏らすことのないようにしましょう。	誕生日や退職，受賞のお祝い等，「サプライズ」の趣旨に配慮して服装を決めます。主賓への効果をあげるため，わざと普段の服装のまま進行することがあります。

(10) ホーム・パーティ (Home Party)	招待者の家で，昼食や夕食などを楽しみます。手料理を振る舞う場合もあれば，参加者が食べ物や飲み物などを持ち寄ることがあります（Bring Your Own Bottle）。その場合、主催者と相談し，他の人と同じものにならないようにします。	動きやすく清潔感のある服装とします。相手との関係にもよりますが，仕度や後片付けなどの手伝いを申し出ると喜ばれます。上司などの自宅に呼ばれた時は，花や菓子を持参するなど心遣いが大切です。

3 オフィスから直行する場合の注意点

　オフィスからパーティ会場に直行する場合，職場での服装のまま，ということがあります。そのようなとき，女性はアクセサリーや化粧等を見直したり，男性はシャツの汚れや汗の臭い等に注意を払い気分をリフレッシュしたりしてから出席しましょう。社内のロッカーにシャツやスカーフ等小物を用意しておくと慌(あわ)てずにすみます。仕事用の大きなバッグはクロークへ預けます。貴重品は常に携帯します。

　パーティに出席するさいは，自己演出力を発揮しましょう。　　　　　　　（辻）

22　立食パーティのマナー─目的と心得─

1　立食パーティの機会

　立食パーティには，ビュッフェ・パーティやカクテル・パーティなどがあります。ビュッフェスタイルは，立食パーティに採用される一般的なテーブル設定です。会場の1ヵ所に料理のテーブルを設営し，そこに各自が行き，自分の皿に食べる分だけ盛りつけ，皿や飲み物を持って歓談します。カクテル・パーティは，飲み物とサンドイッチなどの軽食だけのパーティです。

　学生時代にも，卒業パーティや就職内定を得たあとの懇親パーティなど，立食パーティに参加する機会はあります。マナーを知らずに失礼な態度をとることのないようにしましょう。マナーを守ることは，無意識のうちに魅力行動をとることにつながります。学生として，社会人として，それぞれ立場は違っても，どのような場面でも品位を欠くことのないように振る舞いましょう。参加者との交流を楽しむために，基本的なマナーを身につけましょう。

2　ビュッフェ・パーティの目的と心得

　ビュッフェ・パーティの目的は，出席者同士が自由に紹介し合い，会話によって面識を深めることです。パーティは，食事それ自体を目的に参加するのではなく会話もご馳走と心得ましょう。

(1)　パーティ前

① 　パーティに招待される

　日をおかずにメールや電話でお礼を述べます。ほかに，手紙を書いたり，直接お礼を述べたりします。

② 　服装や小物を用意する

　前もって服装を調えておきましょう。

③ 　名刺を持参する

　パーティでは，お互いに紹介し合って知人を増やし，なるべく多くの人とコミュニケーションをとることが大切です。名刺を十分に準備しておきます。名刺は相手に直接手渡します。パーティ会場で受け取った名刺は，テーブルの上などに置かずに名刺入れに納めます。

(2) 主催者へのあいさつ

① 会場に到着

身だしなみを整えてから主催者にあいさつし，招待されたお礼を述べます。

② 辞　去

主催者にお礼を述べるのが礼儀ですが，主催者が忙しそうであったり会話中の場合は，あいさつを控えても差し支えありません。日をおかずにお礼を伝えます。

(3) 会場でのふるまい

① 料理は，一般にオードブル→料理→デザートの順で取る
② 料理を取ったら料理テーブルから離れる
③ 食べられる量だけ取る

料理は何度取りに行ってもよいのですが，2種類以上の酒を同時に手に取らないようにしましょう。

④ パーティ会場で周囲に椅子が用意してある場合，できるだけ年配者に譲る

腰掛けて休憩したくなるほど食事をとること自体がマナー違反です。

⑤ 歩きながら食べない
⑥ ナイフやフォークを振り回さない
⑦ 会話を楽しみながら，人の流れの邪魔にならないところで食べる
⑧ 最初から最後まで仲間同士で話さない
⑨ 声高(こわだか)に談笑しない
⑩ 原則として喫煙は遠慮する（喫煙場所があれば利用してもよい）
⑪ 退出は適当に時間を見計らい，ほどよい時に失礼する

目安は中締めのあいさつです。

⑫ 受付で配られる名札などは返却して帰る

(4) 服　装

パーティの趣旨，時間帯，集まる人びとなどの情報を入手し，その場にふさわしい服，バッグ，靴，アクセサリー，ヘアスタイルを決めます。コートや大きなバッグなどはクロークへ預けます。

(5) グラスと皿の持ち方

① 料理を運ぶときは皿を左手に，グラスは右手に持ち，

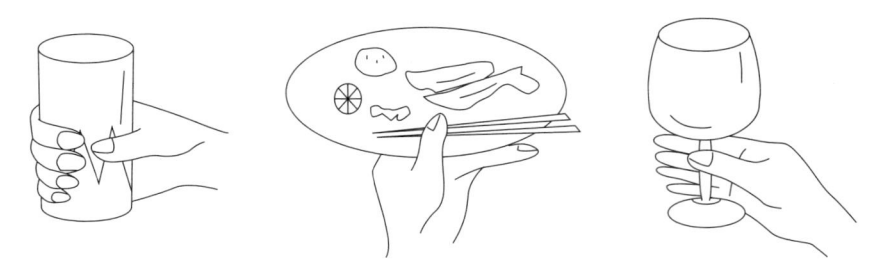

フォークや箸は左手の親指で押さえる

② 脚のあるグラスは脚を持つ

③ グラスに水滴がついている場合，紙ナプキンでくるむなどする

紙ナプキンでくるんで自分のグラスの目印にすることもあります。

(6) 主催者側の心得

① パーティ当日，主催者側は遅刻は厳禁

② 原則として来客を玄関で迎え，車で来る客には車のドアを開けて迎えるなど配慮する

③ 参加者全員が楽しめるように配慮する

④ なるべく多くの参加者に声をかける

⑤ パーティ会場の出入口や玄関で来客を見送る　　　　　　　　　　　　　　（辻）

コラム3　音をたてずに

　和食も高級料亭ではコース料理となり，終わりにはデザートが供されるなど洋食と共通する部分が多くなっている。決定的に異なるのは，「音」ではないだろうか。かつて，ある人と会食したときに，妙に西洋かぶれしていて，ざるそばを食べるのにまったく音をたてずにもぐもぐやっているのに興ざめしたことがある。そばは噛んではいけないという人がいるくらいだから，もぐもぐいつまでも噛んでいると，いかにもまずそうに見えてしまうのだ。

　和食には，ほかにも，たくあんやせんべいなど音をたてずには食べられないものがあるのだから，これは割り切るほかないだろう。ときには，かりかりする音が小気味よく聞こえるので，「いい音がするねえ」などと，ほめられたりもするのだ。

　逆に，洋食では徹底して「音」を嫌う。以前，翻訳された文章で「コーヒーをすする」とあったので，元を調べてみると，"sip"ということばがつかわれていた。辞書を引くと，たしかに「すする」である。けれども，本当のところは，そのすぐあとに「少しずつ飲む」という訳語が示されているように，日本人の行う「すする」動作とはかなり異質の行為なのだ。

　いったいに，日本人は，お茶でもコーヒーでも味噌汁でも，熱いものを飲むときには，唇を丸めて空気も一緒に取り込みながら"すする"のである。ときには，ご飯まですすっと吸い込んでしまう。そうすると，熱いものが空気と混ざって冷やされながら口に入るので飲み（食べ）やすくなる。同時に「シュー」とか「スー」「ズルズル」など物によってさまざまな音が生ずるのは避けられないし，また日本人にとってはしごく当然のことである。

　ところが，欧米では，こうした音はすべて禁物なのだ。スープについては「耳タコ」状態なのでマナー違反はほとんどないようになってきたが，コーヒー・紅茶ではほとんど無警戒となり，ときによってはスパゲティなどでまだときどき耳にすることがある。こと「音」に関しては，当分，和食と洋食とをはっきり分けて対処するほかないようである。

23　洋食のマナー―ナイフとフォークは外側から順に―

1　会食のマナーの基本

　仕事上，会食する機会には，ブレックファスト（breakfast：朝食），ランチ（lunch：昼食），サパー（supper：夕食），ディナー（dinner：正餐）などがあります。ホテルやレストラン等で食事をとりながら仕事の話をするだけに緊張します。和やかに会食し歓談するためにも，マナーを身につけましょう。レディファースト（女性優先）は，今でも有効なマナーです。

　被招待者は，決められた時間に到着するようにします。会食の前に必ず化粧室に行き，手洗いをすませ，化粧や服装，持ち物等のチェックをします。貴重品以外，不要なものはクローク（cloakroom：手荷物預かり所）に預けます。場合にもよりますが，大きなバッグを会場や席まで持ち込むのは遠慮します。

　洋食のマナーは，フランス料理が基本です。ディナーにおける，ナプキンやナイフ，フォーク，スプーンの使い方，料理の順番，飲み物によってグラスが変わることなどをあらかじめ知っていると，安心して料理を口に運ぶことができます。席では足を組まず，姿勢を正して座ります。ディナーの料理は客が自分で取り分けるのが本来ですが，給仕する人に頼んで取り分けてもらうこともできます。

2　ナプキンの使い方

　招待者（ホストまたはホステス）がナプキンを取り上げたらそれにならい，二つ折りにしたナプキンの輪の方を手前にして膝の上に置きます。襟元にかけたりせず，食事中，口元と指先を軽く拭くのに用います。

　乾杯のときや食事中，やむを得ず中座する場合はナプキンは椅子の上に置くか背にかけます。中座は極力控えます。食後は軽くたたんで食卓の左側に置きます。その場合は招待者が置いてからにします。

3　アルコールの飲み方

　アルコールの苦手な人はその旨を伝え，断わりましょう。無理に飲む必要はありません。グラスはテーブルに置いたままとし，サービスされる間，手には持ち

ません。

　乾杯用のシャンパンは，飲めなくても口につける真似をします。正式の席では，乾杯はデザート・コースに移る前に行われます。シャンパンが全員に注がれたら起立し（しないこともある），グラスを眼の高さまで上げて祝福し，両隣りの人と目礼します。グラスを触れ合うことはしません。

4　料理の順番と注意事項

　食事は周囲のペースに合わせ，早すぎず遅すぎないようにします。食事中は原則として禁煙です。日本では，仕事で，夜，会食したさい，コーヒーを飲んだあとお開きとなる場合と二次会を設ける場合があります。

　つぎは，ディナーのフルコースの順番です。

① 　オードブル→両隣りにあわせて食べ始める
② 　スープ→音を立てて飲まない

口にスプーンを運び，食べる意識で飲みます。

③ 　パン→一つずつ手で取る。追加可

スープのあとに食べ始め，デザートの前に食べ終わります。一口ずつ手でちぎって口に運びます。残してもかまいません。

④ 　魚料理→魚は裏返さない

骨は皿の上によけます。櫛形のレモンを使用するさいは，左手で囲い周囲に飛び散るのを防ぎます。骨のない魚は，フォークだけで食べてもよいのですが，そのさい，ナイフは食卓に置いたままにします。

⑤ 　肉料理（メイン・ディッシュ）→一度に肉を切り分けたりせず，左側から一口ずつ切って食べる

骨付き肉は，立食の場合以外は必ずナイフとフォークを使って食べます。

⑥ 　ワイン→シェリー（オードブル），白ワイン（魚料理），赤ワイン（肉料理）のほかローズワインがある

白ワインおよびローズワインは冷やして飲みます。ワインがグラスに注がれている間，両手はテーブルの縁に置き，サービスしやすいように体をやや左にずらします。チューリップ型のグラスの柄の部分を親指と人指し指，中指で持ち，うつむいて飲まないようにします。

⑦ 　サラダ→適量を皿にとり，レードル（ladle：大さじ）でドレッシングをか

ける

　肉料理のナイフとフォークを使います。サラダ用のフォークが用意されることもあります。皿を手に持ったり口元近くに持っていかないようにします。

　⑧　デザートとフルーツ→デザートのあと，フルーツが出る

　デザートが終わると喫煙してもよいことになっていますが，周囲に断るのがマナーです。フルーツは，ミカン以外はナイフとフォークを使いましょう。

　⑨　チーズ→好みのチーズを切り分ける。日本では省略されることが多い

　⑩　コーヒーとアフター・ドリンクス→同じ食卓で飲む場合と，別室で飲む場合とがある

　コーヒーを飲み終えると食事は終了です。その後，ブランデーなど，アフター・ドリンクスを飲みながらしばらく歓談し，お開きと成ります。

5　フィンガー・ボールの使い方

　オードブルやフルーツなど，直接食べ物に触れたときに指先を洗うための器がフィンガー・ボールです。片手ずつ指先を洗い，ナプキンで拭きます。　（古閑）

24 和食のマナー—飯椀は左，汁椀は右—

1 魅力行動力としての和食のマナー

近年，日本文化が注目され見直されるようになってきました。食文化もその一つです。テーブルマナー（洋食のマナー）は学んだが和食のマナーは知らない，というのでは日本人あるいは日本に住むビジネスパーソンとしての魅力行動力は不足ではないでしょうか。あらたまった和食の席で，戸惑う風もなく振る舞うことはあなたを魅力的にみせるだけでなく，国際的に活躍するうえでも有効です。

2 食事のマナー

「マナーは窮屈で面倒くさい」という人がいますが，マナーのない国や民族はありません。マナーは，実用的で合理的かつ美的な身体表現ととらえることで魅力行動となります。世界中で，食するときの共通なマナーは，① 食事に感謝する，② 同席者に配慮する，③ 什器を大切に扱う，です。

注意することは，① 箸やナイフ等を振り回す，② 口に物が入ったまま話す，③ 頻繁に中座する，④ あれこれ料理をつつきながら食べる，⑤ 自分だけ早く食べる，もしくは遅くまで食べている，です。

和食は"黙して食すもの"という印象をもっている人はいませんか。今や，洋の東西を問わず，会話は第二のご馳走です。とはいえ，噂話，政治的な話などはその場にふさわしくありません。また，一人で会話を独占しないようにしましょう。

3 和食の膳

日本料理の基本は，貴人をもてなす膳です。鎌倉時代にさまざまな形式ができあがりました。今日に伝わるのは，精進料理，懐石料理，普茶料理（饗応の膳），会席料理，松花堂弁当などです。膳は脚付きとそうでないものがあります。一汁三菜，二汁五菜，三汁十菜などのコースがあり，標準は二汁五菜です。自分から見て左側に飯椀，右側に汁椀があり，「飯，汁，飯，菜」の順で食べます。蓋付きの場合，すべての椀の蓋を取ったあとに箸をとります。

懐紙を用意しておくと，菓子を食べたり持ち帰ったり，また果物の種や皮をく

るんだりするのに重宝します。また，物を落とすなど粗相したさいも，懐紙で拭いたり包み取ったりすることができます。洋室で和食をいただくさい，テーブルから落とした物等の始末は，洋食同様，給仕の人に頼みます。

4 和食の作法

席に入る前に必ず洗面所で用をすませ，貴重品以外，不要な荷物は風呂敷に包んでまとめ，所定の場所に置くか預けるかします。席におしぼりが用意されていれば，それで手を拭き，軽くたたんで膳から離して置いておきます。顔や首などは拭かないようにしましょう。

（1） 料理を味わう

つぎのことに留意し，料理を味わいましょう。

① はじめに「いただきます」，最後に「ご馳走さま（でした）」と言う

ほかにも，感謝の一礼をしたり合掌してから食べる作法があります。主人側や主客に「お相伴いたします」「お相伴にあずかります」などとあいさつするのはゆかしい態度です。

② 「箸構え」をしてから箸は使い始める

海老などは手を使ってよいとされています。箸先を汚さないようにし，口に入れるのは箸先3cm程度とします。柳箸が正式。

③ 塗り物の器の蓋は，重ねない

④ 飯椀およびつゆ・たれのある器は手に持つ

⑤ 刺身のワサビは，ワサビの香を生かすため刺身につけてから醤油をつける

⑥ 魚は裏返しにして食べない

⑦ 嫌いな物や苦手な物でも一口いただく

⑧ ご飯は残さない（一口残し，最後に湯漬けすることもある）

⑨ 食べこぼした物は手でつまんだりせず，箸でつまみ，皿の隅に置く

懐紙で始末した物は懐紙ごと持ち帰りましょう。

⑩ 酒をつぐときは，一気につがず，最初と最後はゆっくり細くつぐ

⑪ 献酒は，本来，目上の人が目下の人に対して行う

⑫ 姿勢を正して食べる

⑬ 食べている人には話しかけない

話しかけられた人は，食べ終えてから話すようにします。口中に食べ物を入れ

たまま話すのはみっともないことです。
⑭　中座したり，早めに退座したりしない
　理由がある場合，前もって主催者側に伝え，目立たないように席を立ちます。
(2)　箸使いにおける注意事項
箸使いで注意することは，つぎのことです。
　刺し箸　料理を箸で突き刺してとる。
　迷い箸　箸を手にし，どの料理をとろうかと迷い，ためらってからとる。
　移り箸　お菜からお菜へと箸を移す。
　かき箸　飯椀を直に口に当て，中のご飯を箸でかき込んで食べる。
　横　箸　箸を2本そろえて，スプーンのようにすくいながら料理を食べる。
(3)　食すさいのタブー
食べるときは，食べ物に口を近づけず，食べ物を口に運びましょう。以下は，タブーです。
　犬食い　前かがみになって食べる。
　押し食い　飯椀の底にご飯を押し付けながら食べる。
　さぐり食い　器の中をいろいろとさぐりながら食べる。
　にらみ食い　食べるものに迷い，あれこれにらみつけてから食べる。
　普段から食事に対する心構えがあれば，あらたまった席だからといって恐れることはありません。食事にも「立つ鳥跡を濁さず」の精神を発揮し，食後の器や膳にも気を配りましょう。
　酒席には「さしつさされつ」という行為がありますが，飲めない人に無理に勧めることは控えましょう。
　　　　　　　　　　　　　　　　　　　　　　　　　　　　　　　　（古閑）

25　中国料理のマナー―料理と酒―

1　席　次

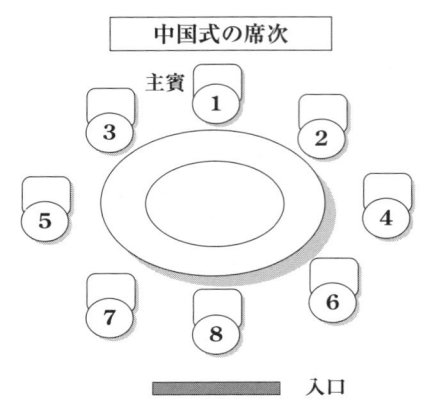

中国式の席次

主賓
①
③　②
⑤　　④
⑦　⑥
⑧
入口

中国料理では，一般にターンテーブルを中心にした円形テーブルが多く，一卓に6〜10名が座るのが標準です。入口から最も遠いところがその日の主賓の席です。そして，主賓から見て左，右と順に席を割り振っていきます。入口から近いところが下座です。席順にこだわらず，楽しく食事ができるような席次にすることもあります。

2　四大中国料理とその特徴

中国料理は，その地方によって味や素材が大きく異なります。四大中国料理は，つぎのとおりです。

（1）北京(ペキン)料理

中国北部，首都北京を中心とした料理です。冬の寒さが厳しいので，栄養価の高い獣鳥肉を多く使用し，数種類の調味料で濃厚な味に仕上げます。代表的な料理には，北京ダック，羊肉のしゃぶしゃぶ，ゆで餃子などがあります。

（2）上海(シャンハイ)料理

中国東部揚子江下流域の料理です。魚介類を用いた料理が多く，醤油や砂糖で味つけ，色彩豊かに仕上げます。代表的な料理には上海蟹(かに)の老酒(ラオチュウ)漬け，豚の角煮，小龍包(シャオロンパオ)（スープ入り肉まん）などがあります。

（3）四川(シセン)料理

中国西部の料理です。高温多湿で寒暑の差が激しいので，食欲を増進する辛味が特徴です。代表的な料理には海老のチリソース，麻婆豆腐などがあります。

（4）広東(カントン)料理

中国南部，広州を中心とした料理です。「食は広州にあり」といわれるほど豊富な食材があります。山海の産物に恵まれ，新鮮な素材の持ち味を生かした淡白

な味つけが特徴です。代表的な料理には，酢豚，八宝菜，チンジャオロースなどがあります。

3 酒
代表的な酒はつぎのとおりです。
　白 酒（パイチュウ）　無色透明で，小麦，とうもろこし，米などの穀物が原料の蒸留酒です。芽大酒（マオタイチュウ），西鳳酒（シーフォンチュウ）などがあります。
　黄 酒（ホワンチュウ）　濃黄色で，もち米や黍（きび）が原料の醸造酒です。紹興酒などがあります。
　その他　青島ビール（チンタオ），薬用酒，花や果実を入れた酒などがあります。

4 乾 杯
乾杯（かんぺい）は料理が運ばれるたびに行われます。
① ホストの「乾杯しましょう」の呼びかけで，全員で杯を持ち「乾杯」と声を合わせる
② 飲めない場合は口をつけるだけにする
③ 注ぎ足しを断るときは，グラスに手をかけ「随意」（ずいい）という

5 ターンテーブルのマナー
① 料理は主賓が取ってからターンテーブルを時計回りに順番にとる
高級店ではコースによっては店側が取り分けてくれる場合もあります。
② 自分が取り終わったら，隣の人が取りやすいところまで回す
③ ターンテーブルの上に自分のグラスやさげてほしい取り皿などはのせない
④ 料理皿に添えてある取り箸やサーバー（取り分け用のスプーン・フォーク）は，ターンテーブルからはみ出さないようにテーブルの中心近くに置く

6 取り皿・取り方・食べ方
① 皿には人数分の量が盛られているので，人数と分量を見計らってとる
② 料理の近くに取り皿を寄せて置き，添えてある取り箸やサーバーで取る
取り箸やサーバーがない場合は自分の箸で取ります。そのさい，箸を逆さに持つ必要はありません。
③ 和食では器は手に持って食べるのがマナーだが，中国料理では皿は手に持

3章 パーティの心構え

　　ず，テーブルに置いたまま食べる（箸，レンゲ，飯椀は手に持つ）
④　取り皿は汚れたら適当に取り替える
⑤　「おいしい」「よい香り」など，料理をほめるのがマナー
⑥　会話をしながら食べる
⑦　酒を注ぐために互いの席を行き来する
⑧　取り皿に取ったものは残さないようにする

（辻）

コラム4　菓子のおみやげ

　いまでもその風習はあまり変わっていないと思うのだが、金沢では、来客があるとお茶に菓子を添えて出す。急な客でその用意がないときは、客を待たせても買いに走る。ということは、住宅街でも近所に和菓子店があったほうがいいので、「おや、こんなところにも」というくらい和菓子店があちこちにある。

　出し方も伝統にのっとったものらしく、半紙をずらして二つ折にし菓子を載せる。客は、ふたつ出されたらひとつだけ食べるかまったく食べないかで、残ったものをその半紙に包んで持ち帰るのが作法である。

　ところが、なにも知らない若造のわたしは、それをぱくぱく全部平らげてしまった。わたしの母親はひじょうに明朗率直な庶民の典型のような人で、出されたものを全部食べてしまうような客が大好きなのであった。

　しかし、金沢では、それでは困るのだ。客に持ち帰ってもらう菓子がなくなってしまった。

「さあ、どうしよう」

　というわけで、わたしは、多分あとでこどもにでも食べさせるはずになっていた菓子を無理やり持たされてその家を辞す羽目(はめ)になったのであった。おいしいものを平らげた上に、土産のようなものまで上着のポケットに押し込まれ、金沢の人は変なことをするんだなあ、とけげんな顔をして歩いていたに違いない。

　帰ってその話をすると、先輩に「ばかだなあ」と笑われたうえ「教養のないやつだ」と内心ばかにされたに違いないという。率直なのも場合によりけりだと、つくづく思ったことだった。

　土地によっては、その地方特有の風習があるものなのだ。さっと通り過ぎる観光客には分からないこまやかな風習が、いまも地方のあちこちに息づいているのだろうと思う。

26　懇親会―目的は交流―

1　懇親会の目的と参加者

　懇親会は，同僚，仲間，同好の士，同業や異業種の人たちが懇親の目的で集まる会のことです。会議，会合，研究会等の終了後，設けられた懇親席で情報交換したり，親交を結んだり旧交を温めたりします。懇親会は，歓迎，交流，親睦，情報交換などをする場です。年齢や性別を特定するものではなく，学生が「コンパ」と呼ぶものとは趣きを異にします。

　会費は前もって振り込むか当日支払います。領収証が必要な参加者には，領収証を発行します。幹事は，散会するまで会の進行に気を配ります。

　つぎは，懇親会に参加する個人，団体の例です。

① ゼミやクラブ等，指導教官や顧問および技術顧問と学生たち
② 他大学のゼミやクラブ等
③ 新入社員と先輩社員・上司
④ 営業先や取引先
⑤ 各部署，プロジェクト仲間
⑥ 同業の人たち
⑦ 異業種の人たち
⑧ 学会や研究会仲間
⑨ 同窓会，PTA，ボランティアなど仕事関係以外の仲間
⑩ 趣味，稽古事など同好の士

2　懇親会における注意事項

懇親会では，つぎのことに注意します。

① 主催者には必ずあいさつする
② 自己紹介し，参加者の輪に入る
③ "スピーチ"には，耳を傾ける
④ 飲食のみに集中しない
⑤ 特定の人と特定の意図をもって話さない
⑥ 話題を独占したり，他人の話に割りこんだりしない

⑦　飲みすぎて羽目をはずさない
⑧　場に応じた話をし，噂話や不適切な話などはしない
⑨　喫煙は周囲に断るなど，マナーを守る（禁煙の場合，喫煙は控える）
⑩　開催時間を過ぎて会場に残らない
通常「中締め」のあいさつが目安となります。　　　　　　　　　　　　（古閑）

27 飲み会―アフター・ファイブのマナー―

1 飲み会への参加

　日本においては，アフター・ファイブの飲み会が頻繁に行われます。あまり頻繁な場合は，そのすべてにつき合う必要はありませんが，職場やサークル，大学ではゼミでの年に2,3回程度の飲み会は，いわば情報交換・親睦の目的をもった行事です。積極的に参加し，相互理解を深め，より有意義な学生・職場生活ができるようにしましょう。

2 酒席のマナー

　私的な酒の席でもマナーを心がけましょう。「人に迷惑をかけない」「人に好感を与える」という相手への思いやりは，相手に安心感と信頼感を与え，あなたの評価も高まります。酒の上での失言や失態で周囲を不愉快にさせることのないよう，楽しく有意義な交流を心がけましょう。つぎは注意事項です。

① 自分の話ばかりしない
　自慢話や自分の話ばかりすると周囲から敬遠されるので気をつけましょう。
② 悪口はいわない
　悪口はその場の雰囲気を悪くします。
③ 嫌がられる言動をとらない
　酒がまわると不適切な会話が増えてくることがあります。軽率な言動はセクシュアル・ハラスメントにもなりかねません。節度ある態度を保ちましょう。
④ 自分の適量を考える
　飲み会では，自分の適量を考えながら飲む習慣をつけましょう。
⑤ 無理に酒を勧めない
　参加者のなかには酒に弱い人もいます。断る人に無理に勧めてはいけません。

3 カラオケのマナー

　今や，世界の共通語"KARAOKE"（カラオケ）は，「接待カラオケ」という言葉もあるように，ビジネスでもコミュニケーション・ツールとして活用されています。参加するさいは，つぎの点に注意しましょう。

① 歌を聞く

うつむいて曲目リストのチェックばかりしたり，人とおしゃべりしたりするのは問題です。歌っているときは手拍子を打つなど，一緒に楽しみましょう。

② 自分の曲目リストを続けて入れない

自分だけ歌い続けるのはマナー違反です。自分だけ楽しむような態度は控えましょう。

③ 周囲を気づかう

インターホンの近くに座った場合は，幹事でなくても，飲み物の手配，時間延長の連絡をするなど気を利かせましょう。

4 支 払 い

原則は割り勘です。ご馳走になった時には，その場でお礼を述べるほか，日を置かずにメールや電話でお礼を伝えましょう。その後再会したときにも，「昨日は，お世話になりました」「先日は，ご馳走になり，ありがとうございました」などと一言お礼をいいましょう。

なお，お金の貸し借りはトラブルの原因になりかねないので慎みましょう。

(辻)

第2部　社会に出てから

　日本は大学への進学率が高まり，エリクソンが提唱したモラトリアム人間が増えています。学ぶ機会は増えたにもかかわらず，「なにをしてよいのか皆目見当がつかない」と言う人がいます。「モラトリアム」は，辞書には「成長して，なお社会的義務の遂行を猶予される期間。また，その猶予にとどまろうとする心理状態」（広辞苑）とあります。「義務」には，社会的なもののほか道徳的，法的義務などがあります。

　生きるためには働くことが大事だと肌で感じている人びとを笑うなどだれにもできません。「まじめに勤め上げる」といいますが，転職が容易に行われる現代でもそれは変わりません。人間的成長を願い，知識や技術が身についていればこそ，果敢な行動に踏み出すことができるのです。

　4章では電話応対，5章ではビジネス通信に必須の文書作成，6章では仕事のしかた，7章では企業の仕事，8章では身近な法律の知識について取り上げました。

　社会に出ると，学生時代に比し，格段に社会の風は冷たいと感じることがあるやもしれません。しかしそのとき，自分を助けるのは自分であり，そのようなあなたがあるからこそ，他人は手を差し伸べてくれるのです。謙虚さを身につけ，人に配慮する魅力行動を仕事においてもよりいっそう実践しましょう。

4章　電話応対

28　ビジネス電話のかけ方—順序と電話術—

1　電話をかける前に
電話をかける前に，つぎの事項を確認し，心の準備をしてから電話をかけましょう。
① 話す内容を箇条書きにする
内容は，3点程度にします。
② メールや手紙等よりも効果的かどうか考える
場合によっては，事前にメールや手紙のほうがよい場合もあります。
③ 相手にとって都合のよい時間かどうか考える
④ 日程表等関連資料を手元に用意する
⑤ 筆記具を用意する
⑥ 電話番号を確認する
心に余裕が生まれ，気持ちの準備ができます。

2　電話をかける順序
電話をかける手順は，つぎのとおりです。
① 相手先を確認し，自分の所属と名前を名乗る
② 話したい相手かどうか確認する
話したい相手でない場合，話したい相手に取次いで欲しい旨を伝えます。
③ 話したい相手が出たら，再度名乗って，相手の都合を尋ねる
④ 相手の了解を得た後，用件を簡潔に述べる
⑤ 用件が済んだ後，あいさつをして受話器を置く

3　有効な電話術
会話をスムーズに行ったり，相手と交渉したりするためには，会話の主導権を

握ることが大切です。そのためには，さまざまな質問の組合わせを活用すると，良い結果を得ることができます。

4　質問の方法

直接質問：聞きたいことを単刀直入に聞き出す方法
例　「何時ごろにお伺いしたらよろしいでしょうか」
予測質問：相手の都合等をあらかじめ予測して，質問する方法
例　「それでしたら，本日の午後4時ごろ，伺ってもよろしいでしょうか」
代弁質問：「〇〇ですよね」と相手の言いたいことを代弁する質問方法
例　「それでは，本日の午後4時ごろにそちらに伺えばよろしいのですね」
択一質問：相手に選択肢を与え，選んでもらう方法
例　「それでは，本日の午後1時過ぎと午後4時過ぎとでは，どちらがよろしいでしょうか」
自由質問：相手に自由に答えてもらう方法
例　「次回の面談につきましては，どのようにお考えになりますか」　　（金子）

29　ビジネス電話の受け方—順序と注意点—

1　電話を受ける順序

電話を受ける順序は，つぎのとおりです。

①　ベルが鳴ったらすぐに電話に出て，会社名等を名乗る

「はい，○○会社でございます」「お電話ありがとうございます。信頼第一の○○会社でございます」「おはようございます，○○会社の田中でございます」などと，明るく，はっきりした声で名乗ることが大切です。

ベルが3回以上鳴ってから出る場合，「お待たせいたしました」といいましょう。

②　相手の名前を確認する

「恐れ入りますが，お名前をお聞かせください」などと相手の名前を尋ね，相手が名乗ったら，「○○社の□□様ですね」などと復唱します。

相手が名乗らない場合は，「失礼ですが，お名前をお聞かせ願えますでしょうか」などと，丁寧に聞くとよいでしょう。

③　あいさつをする

「いつもお世話になっております」「毎度ありがとうございます」などのあいさつは，話を円滑に進めるためのビジネスでは必須のマナーです。本題にすんなりと入れるよう，気持ちの良いあいさつを心がけましょう。

④　用件を聞く

だれにかかってきた電話かを確認します。そのさい，「○○課の△△ですね」などと復唱すれば間違いなく取り次ぐことができますし，相手にも安心感を与えます。

⑤　待ってもらう

「ただいまお取り次ぎいたします。少々お待ちいただけますでしょうか」などと，相手に待ってもらうよう依頼します。

⑥　取り次ぐ

社内の人に取り次ぐときは，保留ボタンを押して「△△さん，○○社の□□様からお電話です」などといって，取り次ぎます。

かかってきた相手の用件がわかっているときは，「○○社の□□様から，△△

29 ビジネス電話の受け方―順序と注意点―

の件でお電話です」と伝えると，取り次いでもらった人は，電話に出るまでに心の準備ができ，余裕をもって対処できます。

2 電話を切るときの注意点

ビジネス電話では，かけた方が先に電話を切るのが原則です。しかし，用件がすんで最後のあいさつをすれば，どちらからとなく受話器を置いて構いません。

伝言メモの例

伝言メモ用紙の例

伝 言 メ モ
日付： 年 月 日（ ）午前／午後 時 分
＿＿＿＿＿＿＿＿＿＿様へ
＿＿＿＿＿＿＿＿＿＿様より／が
□ 電話がありました
□ お電話いただきたい TEL （ ）
□ また電話します（ 日（ ） 時頃）
□ 来社されました
ご用件：
受付：＿＿＿＿＿＿

使用例

伝 言 メ モ
日付：H○○年○月○日（○）⦿午前／午後 10 時 35 分
田中部長　　様へ
ABC 商事の鈴木　様より／が
□ 電話がありました
☑ お電話いただきたい TEL 03(3333)4444
□ また電話します（ 日（ ） 時頃）
□ 来社されました
ご用件：新企画に関する商談の件
受付：総務部 吉田

（金子）

30　ビジネス電話の取次ぎ方―さまざまなケース―

1　取次ぎの重要性

　近年では，一人1台の携帯電話が普及してきていますが，企業では代表電話や部署ごとの固定電話が設置されています。電話の取次ぎは重要な業務です。かかってきた電話を，相手の話したい人（以下，「名指人」）へ迅速・的確・丁寧に取り次ぐことは，その会社の仕事の質のレベルを表わしているといわれます。

2　名指人が電話に出られない場合

　呼び出し音が鳴って電話に出た時に，名指人が社内にいなかったり会議中であったりした場合は，まずは「申し訳ございません。あいにく○○は席をはずしております」などと，本人が電話に出られないことを伝えます。その後，「よろしければ，ご用件を承ります」と，すぐに用件を尋ねましょう。
　折り返し電話をほしいと頼まれた場合，つぎの点に留意しましょう。
　①　相手の所属と氏名を確認する
　「□□社の鈴木様ですね」などと相手の所属と名前を復唱し確認します。明確に聞き取れなかった場合，「申し訳ございません。お電話が遠いようです。もう一度ご所属とお名前を教えていただけますでしょうか」などと尋ねましょう。
　②　電話番号を聞き，復唱する
　「恐れ入りますが，念のためにお電話番号を教えていただけますでしょうか」と電話番号を聞き，その番号を書き取ったら，電話番号を見ながら「復唱させていただきます。お電話番号は○○○○ですね」と確認します。
　③　日時などの都合を聞く
　「何時ごろお電話をすればよろしいでしょうか」と相手の都合を伺います。
　④　自分の名前を相手に伝える
　最後に，電話を受けた人は，「私，総務部の山田と申します。ご用件は確かに承りました」と自分の所属と名前を伝えると，相手は安心します。

3　名指人が電話中の場合

　「申し訳ございません。ただいま鈴木は電話中でございます」と伝え，電話が

すぐ終わりそうなら「まもなく終わりそうです。ただいま，替わります」といいます。長引きそうな場合，「のちほど，こちらからお電話させていただきます」などと応対します。

4　名指人が外出中の場合

不在の旨と何時ごろに戻ってくるかを伝えましょう。「申し訳ございません。ただいま○○は外出しております。5時に帰社する予定となっております。お急ぎでしたら，携帯に連絡し，○○から電話を入れさせますが，いかがいたしましょうか」などと相手の意向を伺いましょう。

（金子）

31　電話応対で困ったときの対処法—ケーススタディ—

　電話応対の原則は，ビジネスの原則と同じで，「丁寧・迅速・正確」です。電話応対で困ったときは，それを忘れず，臨機応変に応対しましょう。

Q1　電話が途中で切れた場合
　電話をかけた方がかけ直すことがルールとなっています。電話が切れてしまった原因が電話をもらった人にあると思われる場合であっても，相手から再度電話がかかってくることを少し待ちましょう。両方で電話してしまっては，電話がつながらなくなります。

Q2　問い合わせの電話に対応する場合
　電話の用件には，商品に対する質問などもあります。その場合，「わかる範囲で答える」ことを基本とします。推測でものをいったりすると，相手に誤解を与えることになります。また，曖昧（あいまい）な印象を与えると，会社に対する信用の低下につながります。

調べてすぐにわかる場合
　「お調べいたしますので，少々お待ちいただけますでしょうか」といい，待ってもらいます。

調べるのに時間がかかる場合
　「お調べいたします。お時間を少々頂戴いたしますので，折り返しお電話いたしたいと存じますが，よろしいでしょうか」などと，臨機応変に応対しましょう。また，問い合わせの内容に詳しい上司や先輩が近くにいるときは，簡潔に要件を伝え，電話を替わってもらえるようなら「ただいまわかる者と替わります」といって引き継ぎます。
　なお，時間が予想外にかかってしまっているときには，途中で「お待たせしており，申し訳ございません。今しばらくお待ちください」などと，現在調べているところであることを相手に伝えます。

Q3　相手の名前を聞き取れなかった場合
　電話を受けたとき，相手の声が小さかったり早口だったりして，相手の名前を聞き取れないというケースは少なくありません。明確に聞きとれなかった場合，

「申し訳ございません。お電話が遠いようです。もう一度ご所属とお名前を教えていただけますでしょうか」などと尋ねましょう。

Q4　相手が名乗りたがらない場合

　名前を聞いても，相手が名乗らない場合があります。クレーム電話などに多いケースですが，そのようなときは無理に名前を聞き出しては逆効果です。相手を余計に怒らせてしまうことも考えられますので，あえて聞き出す必要はありません。匿名希望であれば，メモや記録簿にそのことを残します。

（金子）

コラム5　うそをつかずに

　電話の受け方も時代によって変わるようで，以前は，「はい○○です」と受けたほうから名乗るのがあらゆる場での基本であった。いまは，職場では組織名と個人名を言うのがふつうとなり，逆に個々の家庭では名乗らずに「はい」といったあと黙って受けるようになってきた。種々の迷惑電話やセールス，果ては振り込め詐欺などというものまでのさばってきたからである。

　それでも，ときどきセールスの応対をしなければならないが，その断り方に苦心する人は多いのではないだろうか。黙ってがしゃんと切るのも一法だけれど，それでは自分も不愉快になって後味がわるい。また，日本には昔から「うそも方便」という便利な考え方があるので，それで適当にしのいでしまう人も多いようだ。しかし，わたしは，これはあまり薦めない。国際化の時代にあっては，理由を問わず「うそは悪」と考えたほうがいいと思うからだ。

　というわけで，家にいてセールス電話を撃退するときのわたしの愛用のことばは，

　「いま仕事（食事）中なので」

である。これだと，すんなり相手も引き下がってくれる。ときには，休憩中でコーヒーを飲んでいたりするのだが，それも食事や仕事の一部と拡大解釈できることである。

32　英語による電話応対—覚えたい決まり文句—

1　ビジネスにおける英語による電話応対

　幅広いビジネスの分野で国際化が進み，企業の規模等にかかわらず，英語による電話応対が必要な職場が増えています。ビジネスにおける電話の英会話には，決まり文句を活用し応対します。応対のしかたは，日本語における電話応対と同様です。

2　通常の応対

　明るくはっきりと発音し，聞き取れない場合，"I beg your pardon ?" "Speak slowly, please" などといって確認します。つぎのように応対しましょう。

　① あいさつする

　電話のかかってきた時間に応じて，"Good morning" "Good afternoon" などとあいさつします。相手が "Hello"（もしもし／こんにちは）といえば，"Hello" と答えます。

　② 会社名を名乗る

　"(This is) ABC Company"（はい／こちらは，ABC 会社です）

　③ 用件を聞く

　"May I help you ?" "Can I help you ?"（どのようなご用件でしょうか）

　④ 相手を確認する

　"May I ask who is calling, please ?"（どちらさまでしょうか）

　名前と会社名はメモし，聞き取れなかったり綴りがわからないときは，"(Could you give me) the spelling (of your name／your company), please ?" といって，わかるまで聞きます。

　⑤ 取次ぎ先部署・担当を聞く

　"What department, please ?"（どの部署へご用でしょうか）

　"Whom would you like to speak to ?"（どの者へおつなぎいたしましょうか）

　⑥ 電話を保留にし，関係部署等へつなぐ

　"Hold on, please" "One moment, please" "Hold the line, please"（少々お待ちください）

3　自分では応対不能と判断した場合

"Could you hold on, please?"（少々お待ちください）

"I'll put you through to the person who speaks English."（英語のわかる者と替わります）

電話を保留にし、即座に英語のわかる人に代わります。慌てないためには、手順を把握していることが肝心です。　　　　　　　　　　　　　　　（金子）

── 英語の電話を成功させるコツ ──

　英語による電話を成功させるコツがあります。それは、うまく話そうとせず、「ゆっくり」話すことです。とくに、慣れないうちは、一言ひとこと丁寧に話しましょう。相手もゆっくり聞き取りやすいように話してくれるでしょう。

　発音が流暢だからといって英語ができるとは限りません。ネイティブ（native：英語を母語とする人）から英語がうまい人だと思われて、早口でまくし立てられたり専門用語を連発されたりすることにもなりかねません。英語といってもさまざまですから、聞きなれない発音に戸惑うこともあるでしょう。電話での会話は、日本語同様、要注意です。

　語学は、"聞き取り"が大切です。話すには、聞く力が必要です。

33　携帯電話—守りたいマナー—

1　携帯電話使用上の注意
　携帯電話は使い方を誤ると，電話やメールを受ける相手や周囲の人に迷惑となることもあります。携帯電話を使用するさいは，つぎのことに気をつけましょう。
① 個人情報が登録されているので，慎重に扱い，紛失しないようにする
② 目上の人，顧客への携帯電話には，必要な用件のみ電話やメールをする
③ 公共の場での通話は周囲に気を配り，声の大きさに配慮する
④ カメラ付き携帯電話を利用して撮影や画像送信を行うさいは，個人情報の取り扱いに注意する
⑤ 不法なサイトへのアクセスはしない。職場で私的に利用すると，処分の対象になる場合がある
⑥ 電源を切るさいは，アラームを消す

2　携帯電話の使用を控える場合
① 緊急時以外，早朝深夜の電話やメールはしない
相手，時間，場所に注意します。
② 訪問時や接客・食事・会議中などはマナーモードにする
着信があった場合，接客等が終わった後で確認します。
③ 自動車などの運転中は使用しない
運転中の携帯電話等の使用は5万円以下の罰金（改正道路交通法2004年11月施行）です。
④ 人の多い場所では使用しない
アンテナが付帯している携帯電話での地上デジタル放送の視聴は，アンテナが他の人に当たるなどトラブルの原因になりかねません。
⑤ 映画館や美術館，音楽会など，静かに鑑賞するような場所ではあらかじめ電源を切る。アラームの消し忘れに注意する
⑥ 医療施設内，航空機内，電車内の優先席付近では電源を切る
携帯電話の電磁波は，心臓ペースメーカーや医療器具，飛行機器などに支障をきたすことがあります。

（辻）

5章　ビジネス通信

34　電子メール—送信時の注意—

1　ビジネス・メール取り扱いの心構え

　出社するとまず新着メールをチェックする，という人が増えています。これは，ビジネスの新習慣といってよいものです。日常的にメールをやり取りする人は，メールの見落としに注意し，仕事に必要なメールにはすぐに返事を出すなど，迅速に応対しましょう。
　簡潔に用件を伝えると同時に，誤解や失礼のないよう十分，内容に配慮します。送信する前に読み直す習慣をつけましょう。

2　メール文書の構成：送信の場合
(1)　件名の欄には，具体的な件名を入れます。
　　社内宛メールの件名　〇年〇月〇日講習会出席の件（営業一課　辻恭子）
　　社外宛メールの件名　〇年〇月〇日講習会出席の件（〇〇商事営業部営業一課　辻恭子）

```
総務課　中野　〇子　様　①宛先
お世話になっております。②前文
〇月〇日（月）10：00～16：00のパワーポイント講習会に出席します。③用件

よろしくお願いします。④末文
以上
〇年〇月〇日　⑤日付

営業一課　辻　恭子　⑥署名
E-mail.xxxxx@yyyy.co.jp
内線：xxx-zzzz
Fax：xxx-zzyy
```

(2) 本　文

本文には，①宛先，②前文，③用件，④末文，⑤日付，⑥署名，を入れます。

(3) 前　文

前文として，①挨拶文，②用件の簡易説明，③ことわり，を必要に応じて入れます。なお，社内メールでは，長々とした挨拶文は不要です。使う場合は，「おはようございます」「こんにちは」などとします。あるいは挨拶文そのものを省略し，すぐに本題に入るのが一般的です。

挨拶文の例（一般的に使われるあいさつ言葉）
- お世話になっております。
- いつもご利用いただき，ありがとうございます。

用件説明の例
- ～についてご報告いたします。
- 次回の打ち合わせの日時について，ご連絡いたします。
- ～いたしたく，メールを送らせていただきました。
- 新商品の内容と発売スケジュールについてご案内いたしたく，メールを差し上げました。

ことわりの例
- メールをご覧になった後，お返事いただけると幸いです。
- 少々長いメールになりますが，ご一読のほど，お願いいたします。

3　マナー

(1)　送信のときに気をつけること

① 件名は，受信者が一目で内容を予測でき，かつ後から検索しやすいものにする

② あいさつや儀礼的な文章は，最小限にする

件名のわかりづらい例
辻です←内容が予測できない
こんにちは←内容が予測できない
明日の件←後から見たときに，内容や期日がわからない
参考資料←何の参考資料かわからない

③　重要事項の場合は，電話でも確認する
④　末尾に，メールアドレス以外の連絡先を併記する。たとえば，電話番号やFAX番号など
⑤　相手のメールアドレスを確認する
⑥　「顔文字」「色文字」「動画」などを使用しない
⑦　会社のメールは私用で使わない
⑧　ブラックメール＊はしない

＊ブラックメール：人をおどすなど不快なメールのこと。

(2)　受信のときに気をつけること

①　1日に数度は，必ずメールチェックを行う
②　受信したメールは，緊急度・重要度を判断し，重要事項については，すぐに返信する
③　すぐに答えを出せない場合，とりあえず文書を受け取ったことを伝える返信を出す
④　送信した覚えのないところからの不達メールは，開封せず削除する
⑤　迷惑メール＊は開封せず削除する。送信した覚えのないところからの不達メールは，迷惑メールの可能性が高い

＊迷惑メール：受信者の同意を得ずに，一方的にパソコンや携帯電話に送信される広告・宣伝目的の電子メールなどを指す。出会い系サイトの宣伝やアダルト広告が大半を占め，発信元を偽っているケースが多い。

4　CC，BCCの活用

　現在の一般的なメールソフトには，宛先（To）の他にCCとBCCの欄があり，直接の宛先以外にも「写し」（Copy）を同時に送ることができるようになっています。

　CC（Carbon Copy）とは，もともとはタイプを打つさいの「カーボン紙を入れてとった複写」の名称でしたが，現在では，直接の宛先以外の送り先を意味しています。CCでは，宛先の人にも，CCとしてだれに送られたかがわかります。

　BCC（Blind Carbon Copy）では，同時にだれに送られているか，相手先にはわかりません。写しを他にも送付していることを知られたくない以外に，他人のメールアドレスを公開しないようにする目的があります。

（辻・金子）

35 英文Eメール―決まり文句の活用―

1 英文Eメール

近年,全世界的な規模でインターネットが普及し,多くの企業がEメールを活用しています。国際間のメールには,多くの場合,英語が共通語となっています。

英文Eメールの書き方は,ビジネス文書の書き方に準じています。通信コストがほとんどかからないうえ,封筒や切手を用意する手間もいらず,即時に相手へ伝達できるため,Eメールを積極的に活用することにより,ビジネスの幅を大きく広げることができます。

2 英文Eメールの書き方
英文Eメールは,頭語,本文,結語,の大きく三つの部分に分かれています。
(1) 頭 語
頭語は,相手に対する呼びかけの言葉です。

担当者名がわかっている場合

 Dear Mr.(Ms.)~:←末尾は,アメリカ式ではコロン(:),ヨーロッパ式ではカンマ(,)ですが,現在では,コロンが主流のようです。

担当者名が不明な場合

 Dear Sir or Madam: または,To whom it may concern:(関係者各位)

(2) 本 文
要件は,的確に述べます(経緯,希望,依頼事項等)。

例:I saw your product on your website. I would like to know the price of your product. Could you send me a price list, including shipping cost ?
(貴社のホームページにて,貴社製品を拝見しました。製品の価格を知りたく存じます。恐れ入りますが,送料を含む製品の価格表をご送付願えないでしょうか)

(3) 結 語
「敬具」にあたる言葉(Sincerely,〔末尾は,カンマ(,)〕)の下に,差出人の名前と肩書を記載します。

最後に，差出人の連絡先（所在地，電話番号，ホームページアドレス，メールアドレス等）を明記します。

　　　　　　　　　　　　　　　　　　　　　　　　　　　　　　　（金子）

36　FAX —有効利用のしかた—

1　FAX の重要性

　FAX（facsimile）は，写真・文書・図形などの二次元画像を電気信号に変え，通信回線を通して伝送し，再生・記録する通信方法あるいはその装置のことです。E メールの普及に伴い，FAX の需要は減ってきています。とはいえ，資料を簡単かつ迅速に送ることのできる手段として現在でも活用されています。

2　FAX 送り状の作り方

　FAX には，日時，送り先，送信者がわかるように，送り状をつけます。不必要に凝った形式や大きな判にすると，送信に時間とコストがかかります。送り状に載せる情報は最低限にとどめましょう。なお，日本語も英語も，送り状に含める情報は同じです。

　つぎの例のように，共通のものを使用することができます。

日　付　Date:	参照番号　Ref No.:
宛　先　To:	発信者名　From:
担当者名　Attn.:	担当者名　Attn.:
所　属　Company:	所属　Company:
電話番号　Tel No.:	電話番号　Tel No.:
FAX 番号　Fax No.:	FAX 番号　Fax No.:
送信枚数　　Page(s) including this cover sheet:　　　　page(s)（送信状を含む）	
件　名　Subject:	

他に，E メールアドレスなど

3　FAX の送り方

　画像読み取り機能がついている機種であり，通信回線に結ばれている場合，FAX 専用機器だけでなく，電話やコンピュータ，コピー機から簡単に二次元画像を送ることができます。具体的な送り方はそれぞれの機種の説明書を参照する必要がありますが，一般的には，送る用紙の裏表を間違いなく画像読み取り機に置き，FAX 送信機能を選択のうえ，相手の FAX 番号を入力し，送信ボタンを

押すだけで相手先に画像を送信してくれるものが多いようです。
　相手が回線使用中の場合の再送サービス，多くの宛先に同時に同じ画像を送る同報サービス，FAX送信の状態を教えるサービスのついた機種もあります。
　なお，FAXの送り方で最も重要なことは，送信完了後すぐに先方に電話し，FAXの受信状況を確認することです。念入りに確認することにより，ミスを予防し，よりよいコミュニケーションと信頼を築き，今後の関係性の発展につなぐことができます。
〔金子〕

37 手紙—書き方の基礎知識—

1 「個人的な手紙」と「ビジネス書簡」

手紙は,「個人的な手紙」(私信)と「ビジネス上の公的な書簡」(しょかん)(ビジネスレター,狭義(きょうぎ)の「ビジネス文書」)の二つに大別できます。

「個人的な手紙」は,「本人の気持ちを伝えるもの」であるのに対し,「ビジネス書簡」は,「組織の名のもとにおいて事項を正確に伝達するもの」といえます。なお,ビジネス文書は,社内(組織内)向けの「社内文書」と社外(組織外)向けの「社外文書」の二つに大別できます。

2 手紙の構成要素

手紙は,大きく分けて,①前文(ぜんぶん),②主文(しゅぶん),③末文(まつぶん),④後付(あとづけ),の四つから構成されます。その他に,別記(べっき)(記書き)や副文(ふくぶん)(追伸)を加えることもできます。社内文書の場合,「前文,末文,後付」は省略します。

(1) 頭語と結語

頭語は「謹んで○○申し上げます」という意味で,手紙の最初につけて相手に敬意を表わす言葉です。正式な手紙では,"前文"の前につけます。結語は「失礼いたします」の意味で,末文の最後につけるあいさつの言葉です。頭語と結語は,下に示したように対応させ,TPOに合わせて使います。

	頭 語	結 語
一般の手紙	拝啓　啓上	敬具　敬白
改まった手紙	謹啓　謹呈	謹言　謹白
略式の手紙	前略　冠省 前略失礼いたします。 前略ごめんください(ませ)。	草々
急ぎの手紙	急啓 取り急ぎ申し上げます。	敬具　不一　草々
初めての手紙	初めてお手紙を差し上げます。 突然のお手紙を差し上げるご無礼をお許しください。	敬具　敬白
返　信	拝復　復啓	敬具　謹答

(2) 前文

① 時候のあいさつ

「早春の候」など，季節に合った言葉のあと，相手の健康や繁栄を喜ぶ言葉を入れます。ビジネス書簡では，季節を選ばない「時下（ますます…）」を活用することが可能です。

② 感謝の言葉

日ごろの付き合いを感謝する言葉などを書きます。ビジネス書簡では，時候のあいさつ以上に感謝の言葉が大切です。

(3) 主文

① 「さて」

"前文"に続き，行を替え，一マス下げて，「さて」（日常の手紙では「ところで」も使用可能）などといって用件を切り出し，本題に入ります。

② 「つきましては」

行を替え，一マス下げて，「つきましては」に続き，なにをしたいか，あるいはなにをしてほしいか，という結論もしくは確認事項を伝えます。

③ 「なお」

さらに用件を付け加えたい場合は，行を替え，一マス下げて，「なお」で書き加えます。

(4) 末文

① 用件のとりまとめ

「まずは」「とりあえず」などという言葉を用い，用件の念を押したり，用件のとりまとめをしたりします。たとえば，「まずは，御礼まで」などと記します。

あいさつやお礼などは，本来，先方に出向いて行うものです。手紙で伝えるのは略式となるため，許しを請う一文を入れます。たとえば，「略儀ながら，書面にてご挨拶申し上げますことをお許しください」などです。

② 今後へのお願い

今後へのお願いの言葉（「今後ともよろしくお願いいたします」など）は，取引先や顧客への業務文書，挨拶状や礼状に必ず書き添えます。

③ 相手の繁栄・健康を願う

本来ならば，相手のことを最後に書くのは失礼なことです。そのため，「最後になってしまいましたが」という意味で，「末筆ながら」という書き出しで，相

前文に使用する時候の言葉の例

月	月名	時候の言葉
1月	睦月(むつき)	厳寒の候　厳冬の候　初春の候 厳しい寒さが続いております 寒さ厳しき折から　寒中お見舞い申し上げます
2月	如月(きさらぎ)	立春の候　向春の候　余寒の候　春寒の折　晩冬のみぎり 立春とは名ばかりの寒さが続きます 梅のつぼみもそろそろふくらみはじめました
3月	弥生(やよい)	早春の候　春暖の折　浅春のみぎり　水温む候 暑さ寒さも彼岸までと申しますが 春光うららかに花の便りも聞かれる頃となり
4月	卯月(うづき)	仲春の候　陽春の候　桜花の季節　春爛漫の候 春風駘蕩の候　春風がここちよいこの頃　桜の花も今を盛り いよいよ春もたけなわとなってまいりました
5月	皐月(さつき)	新緑の候　晩春の候　若葉の季節　薫風のみぎり 風薫るさわやかな季節になりました 木々の若葉が目にしみるこの頃
6月	水無月(みなづき)	初夏の候　深緑の候　向暑のみぎり　梅雨の候 さわやかな初夏となりました
7月	文月(ふみづき)	盛夏の候　炎暑のみぎり　暑さ厳しい折 暑中お見舞い申し上げます（7月中旬～立秋（8月7日ごろ）の間） いよいよ本格的な夏を迎え
8月	葉月(はづき)	残暑の候　晩夏の候　暑さもようやく峠をこえ 残暑お見舞い申し上げます（立秋を過ぎたころ） はやくも立秋を迎え　暑さも盛りをすぎたようで
9月	長月(ながつき)	初秋の候　新涼の候　さわやかな初秋の季節となりました 秋風の立つさわやかな今日このごろ さわやかな秋を迎え
10月	神無月(かんなづき)	仲秋の候　清秋のみぎり　菊薫る季節となり 木々の紅葉も日ごとに深まり　秋の夜長となりました 秋たけなわの今日このごろ
11月	霜月(しもつき)	晩秋の候　向寒のみぎり　初霜の候 落ち葉舞う季節となりました 初雪の便りが聞かれる季節となり
12月	師走(しわす)	初冬の候　師走の候　心せわしい師走となりましたが 本年もいよいよ押しつまりました あわただしい歳の瀬を迎え

前文でよく使われる用語

相手の状態を祝うときに使う語（「〜のこととお喜び申し上げます」などに使う）	
ご清栄（せいえい）	手紙文で相手の健康と繁栄を祝う言葉
ご隆昌（りゅうしょう）	勢いの盛んなこと。栄えること（＝ご隆盛）
ご清祥（せいしょう）	手紙文で，相手が元気で幸福に暮らしているのを喜ぶ言葉
ご清勝（せいしょう）	手紙文で，相手が健康に暮らしているのを喜んで使う言葉
	（＝ご健勝）（個人宛てに用いる）

相手の気持ちや態度を敬っていう語（「〜を賜る」「〜をいただく」などと使う）	
ご厚情（こうじょう）	相手の厚意に感謝する言葉（＝ご厚志，ご厚意）
ご懇情（こんじょう）	真心のこもった心遣い。親切な心や気持ちのこと
ご高配（こうはい）	相手の配慮に対する敬称（＝ご配慮）
ご愛顧（あいこ）	目をかけて引き立てること。「愛顧」を受ける側が使う言葉
芳情（ほうじょう）	相手の厚意の敬称（＝芳志，ご厚意，ご厚情）
	（「ご芳情」「ご芳志」は，本来は誤り）

相手に求める行動・態度（「〜ください」「〜のほど，お願い申し上げます」などが続く）	
ご容赦（ようしゃ）	あまりとがめないでゆるしてもらうこと
ご鞭撻（べんたつ）	いさめ励ますこと
ご足労（そくろう）	来てもらうことに感謝の意を込めて使う言葉
ご来臨（らいりん）	ある場所へ出席することの敬称
ご了承（りょうしょう）	事情をくんで承知すること
ご承諾（しょうだく）	要求などを了解したと聞き入れ，引き受けること
ご査収（さしゅう）	金品・書類などをよく調べて受け取ること
ご笑納（しょうのう）	「つまらない物だと笑って納めてください」の意で，他人に贈り物をするときに謙遜していう言葉
ご自愛（じあい）	自分の体を大切にすること
	「ご自愛ください」等の形で，手紙の末文などに使う

その他	
幸甚（こうじん）	このうえもない幸せ。非常にありがたいことを表す言葉
僭越（せんえつ）	自分の身分や権限を越えて出しゃばるさま
	自分の行為を謙遜する場合に用いる
同慶（どうけい）	相手と同様，自分にとっても喜ばしいこと
	相手のめでたい事を祝う言葉。多く「ご同慶（の至り）」の形で手紙に用いられる

手の繁栄・健康を願う言葉を書き添えます。

　④　その他

　返事や配慮等を催促する場合,「なにかとご都合はおありかと存じますが」「ご多忙のところお手数をおかけいたしますが」「ご多用中恐れ入りますが」など,相手を気遣う言葉を記したうえで,返事等を希望する旨の文章を続けます。

(5) 後付

　宛名につける敬称は,個人宛であれば「様」が一般的です。宛名は,姓名を書きます。わからないときは調べましょう。医師や教師に対しては「先生」を使うこともありますが,「先生」の後に「様」はつけません。

礼状のサンプル

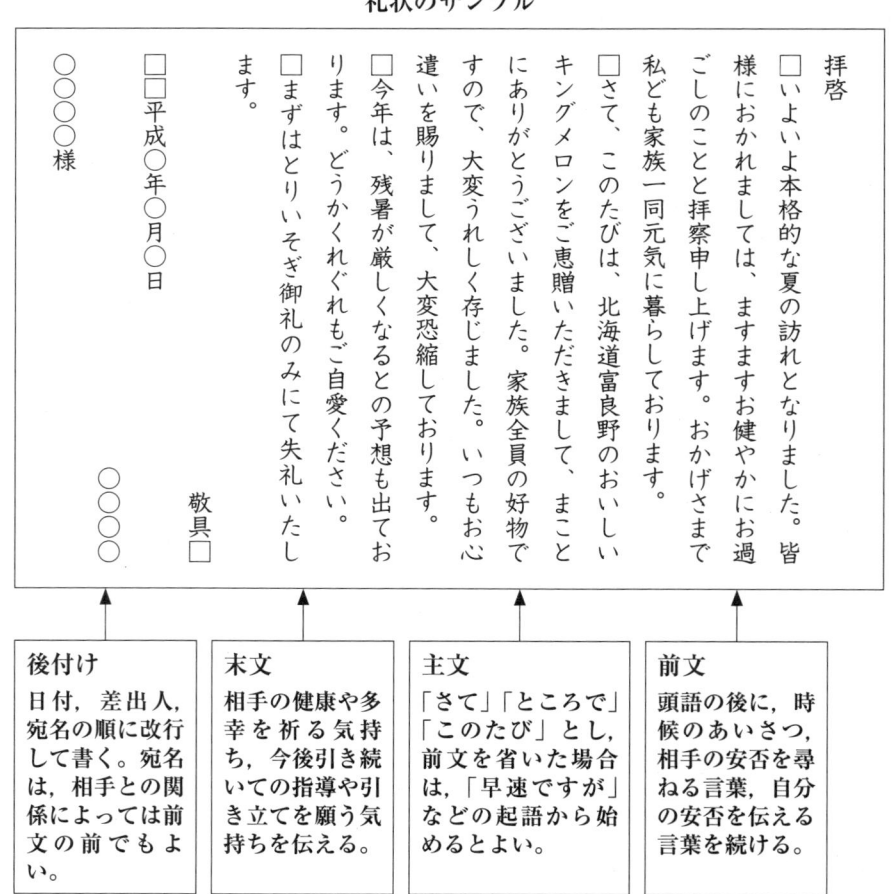

拝啓　いよいよ本格的な夏の訪れとなりました。皆様におかれましては、ますますお健やかにお過ごしのことと拝察申し上げます。おかげさまで私ども家族一同元気に暮らしております。

　さて、このたびは、北海道富良野のおいしいキングメロンをご恵贈いただきまして、まことにありがとうございました。家族全員の好物ですので、大変うれしく存じました。いつもお心遣いを賜りまして、大変恐縮しております。

　今年は、残暑が厳しくなるとの予想も出ております。どうかくれぐれもご自愛ください。

　まずはとりいそぎ御礼のみにて失礼いたします。

敬具□

□□平成○年○月○日

○○○○
○○○○様

前文
頭語の後に,時候のあいさつ,相手の安否を尋ねる言葉,自分の安否を伝える言葉を続ける。

主文
「さて」「ところで」「このたび」とし,前文を省いた場合は,「早速ですが」などの起語から始めるとよい。

末文
相手の健康や多幸を祈る気持ち,今後引き続いての指導や引き立てを願う気持ちを伝える。

後付け
日付,差出人,宛名の順に改行して書く。宛名は,相手との関係によっては前文の前でもよい。

(6) その他
① 別　記

連絡や問い合わせの手紙で，内容が数件にわたる場合や，会議や行事等の日時・場所の記述は，本文の後に「記」と書いて箇条書きにします。本文中には，縦書きなら「左記のとおり」，横書きなら「下記のとおり」とし，用紙が別になる場合は「別紙のとおり」などの言葉を入れます。

② 副　文

とくに付け加えたい用件があるときは，"後付"のあとに「追伸」として短めに書きます。ビジネス文書では，この位置に，返信の依頼やお願いしたい用件などを，目立たせる目的で戦略的に入れることがあります。この場合，必ずしも「追伸」という言葉を入れる必要はありません。

3　手紙のタブー

① 相手を指す言葉と自分を指す言葉

相手の名前などが行末に来たり，2行にまたがったりするのは失礼です。相手に関する言葉はなるべく行の始めにくるように，逆に自分の名前などは行末にくるように文章を配分します。

② 商品名・地名・数字・熟語

これらの言葉も，2行にまたがらないようにします。

③ 後付（日付・差出人名・受取人名）

後付が2枚にまたがる，または，後付だけが2枚目にかかることがないようにします。

④ 修　正

手書きの場合，1文字でも間違えたときは書き直します。修正液で消して直すのは失礼です。

4　私的な手紙のポイント

私的な挨拶状や礼状などは，時機を逃さず，気持ちが伝わるように送ることが最も大切です。

手書きの手紙にはメールにはない味わいがあります。私的な手紙には，黒のペンもしくは筆を用います。上手下手ではなく，"心を込めて"丁寧に書くのが大

事です。ワープロで本文を書いた場合，署名は自筆で書きましょう。

　ビジネス書簡と同様，相手の名前など，相手を指す言葉をその行の最後に書いたり，人名・地名・熟語などが２行にわたらないように注意します。また，自分に関係する言葉や助詞，句読点などが行頭にならないよう，字配りに気をつけましょう。

5　便箋の折り方と封筒への入れ方

　和封筒の場合，文面を内側にし，文字の並びと同じ方向に三つ折りまたは四つ折りにします。相手が読みやすいように，封筒を開いたとき書き出しの部分が手前上になるように入れます。洋封筒の場合は，同じく文面を内側にし，便箋を半分に折った後，さらに横半分に折ります。便箋を開きやすいように，封筒を開くとき便箋の四隅が重なった部分が左上になるように入れます。　　　　　（金子）

コラム６　切手の貼り方

　若気の至りで，切手の貼り方で恥ずかしい思いをしたことがある。旅行先でたくさん写真をとり，家に送ったときのことだ。封筒がはじけそうなくらい写真を入れたので，安全のため裏の封のところにシール代わりに切手をはって出した。家族には笑われるだろうが，多少かっこう悪くても無事に届くほうがいいと思ったのだ。ところが，それが料金不足で戻ってきてしまった。切手は，封筒の表にはるというのが規則で，裏では無効なのだった。

　切手については，そのほか，貼り方が斜めにならないようにいつも気をつけている。これがいい加減だと，相手に粗雑な性格だと思われてしまうだろうし，相手を軽視しているように受け取られても致し方ない。また，金額が合いさえすればいいだろうと小額の切手や汚損した切手をはるのは目上の人に対しては禁物，などということがある。

38　宛名の書き方—文字の配列と正確さ—

1　注意事項
（1）　郵便番号
正しい郵便番号を所定の位置に丁寧に，枠にかからない程度に大きく入れます。宛名ラベルに郵便番号が印刷されている場合も，郵便番号を所定の位置に書き入れましょう。

（2）　縦書き・横書き
原則として，縦封筒の場合は縦書きに，横封筒の場合は横書きにします。ただし，宛名ラベルを使用する場合は，一般には，横書きが用いられます。文書の内容を知らせるために，表書きに「親展」「至急」「写真在中」などと書くこともあります。

（3）　文字の配置と大きさ
縦封筒の場合，封書の右端・上下は，封筒の大きさにもよりますが，5mm 以上空けます。宛名ラベルの縁も，5mm 以上取ります。

封筒の大きさに配慮し，全体の字のバランスに気をつけましょう。とくに，小さすぎないように気をつけます。

（4）　文字の形と筆記用具
適切な文字（正楷書体や明朝体等）で印字するか，手書きする場合は黒ペンで書きます。正式な招待状や案内状の宛名書きは筆を使います。慶事には濃い墨，弔事には薄い墨で書きます。

2　住所（所在地）の書き方
（1）　都道府県名
正式な文書は，郵便番号を入れ，都道府県名から書きます。郵便番号制度は住所の簡略化を可能にしましたが，正式な文書には住所を略さないのが慣例です。

（2）　ビルやアパートの名称
ビルやアパートの名称等は，略さず正式名称を書きます。

（3）　長い住所の場合
住所が2行にわたる場合，切りのよいところから，1マス下げて2行目に書き

ます。

(4) 住所の数字

　住所の数字は，町の名称までは漢数字（例，「新宿三丁目」）で書きます。縦書きの場合は建物の階数以外は漢数字，横書きの場合は番地以下はアラビア数字が一般的です。

3　宛先の書き方

(1) 宛先の位置

　宛先は，会社（組織。以下，「会社」）宛，部署宛，個人宛を問わず，中央に大きく文字の配置を考えて書きます。

(2) 敬称

　敬称は，会社宛・部署宛の場合は「御中」，個人宛の場合は一般的には「様」（医師や教師等は「先生」「博士」など）と書きます。

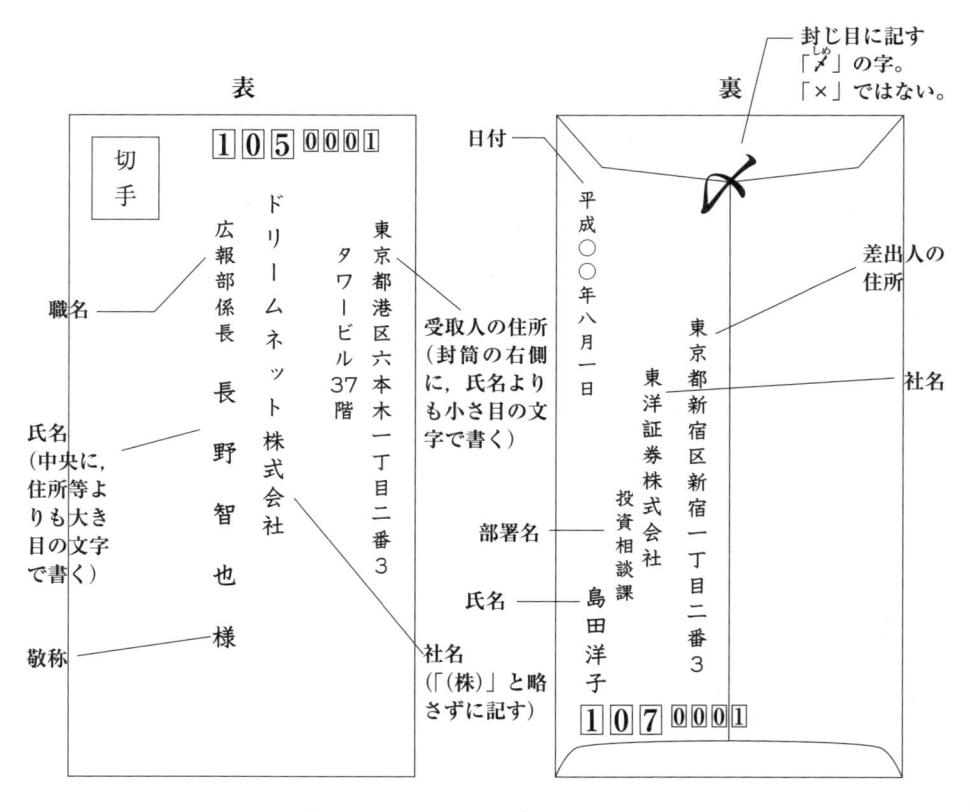

表

切手　1050001

職名 ── 広報部係長
氏名（中央に，住所等よりも大きめの文字で書く）── 長野智也
敬称 ── 様

ドリームネット株式会社
東京都港区六本木一丁目二番3
タワービル37階

受取人の住所（封筒の右側に，氏名よりも小さ目の文字で書く）
社名（「(株)」と略さずに記す）

裏

封じ目に記す「〆」の字。「×」ではない。

日付 ── 平成〇〇年八月一日

差出人の住所 ── 東京都新宿区新宿一丁目二番3
社名 ── 東洋証券株式会社
部署名 ── 投資相談課
氏名 ── 島田洋子

1070001

(3) 社名と部署名

　個人宛の場合，社名は，所在地より1マス下げて，所在地の左側に書きます。さらに部署名を書く場合は，社名より少し小さ目に，社名より1マス下げて会社名の左側に書きます。

　社名は，「株式会社」や「有限会社」等も略さず正式名称を大き目に書きます。なお，「株式会社」や「有限会社」等の会社の種類を表わす言葉が名称の最初につく場合は，バランスを考えて社名より少し小さ目に書くとよいでしょう。

4　職名の書き方

　4文字以下の職名と「代表取締役社長」という職名は，名前の上に小さ目にバランスよく書くのが正式とされていました。しかし，近年，比較的長い職名が増加してきたこととワープロでの作成が一般化されたため，職名を問わず，名前の右横に名前の字より若干小さ目に（あるいは名前と同じ大きさで）書くのが一般的となりました。

　なお，名前の上に書く場合，3文字程度なら1行，4文字は2行に分け，5文字以上なら部署の下に1マス空けて，小さく書きます。ただし，「代表取締役社長」の場合は，名前の上に，「代表取締役」を1行目，「社長」を2行目に書き，「社長」は，1行目の「代表取締役」の天地（上下）に合わせて，計2行にして書くのが正式とされています。

5　はがきの宛名と返信のしかた

結婚式に招かれたときの返事の書き方（往復葉書の返信の例）

　表　相手の氏名の下にある「行」を（定規で）縦二本線で消し，その左横に「様」を書く。

　裏　「御」「芳」を（定規で）二本線で消す。

　出席の場合：余白にお祝いの言葉を書く。

　欠席の場合：お祝いの言葉に加え，出席できない理由とお詫びの言葉を書く。

　ただし，「多忙につき」は失礼にあたるので避ける。弔事と重なった場合は，はっきりと書かず，「残念ながら所用があり」などと断り，後日説明する。

（辻）

5章 ビジネス通信

縦書き

郵便はがき
981-0031

切手

仙台市泉区青葉台
〇-〇-〇
中山ハイツ五号
鈴木 純一 様

酒田市天応町
〇-〇-〇
綾瀬 はるか

000 0001

横書き

郵便はがき
981-0031

切手

仙台市泉区青葉台
〇-〇-〇
中山ハイツ5号

鈴木　純一様

酒田市天応町〇-〇-〇
　　綾瀬　はるか

000 0001

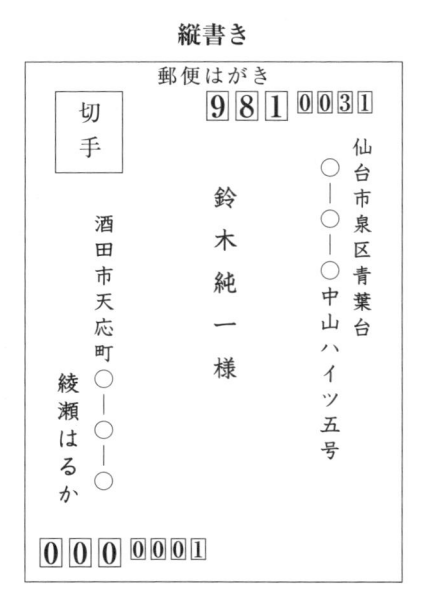

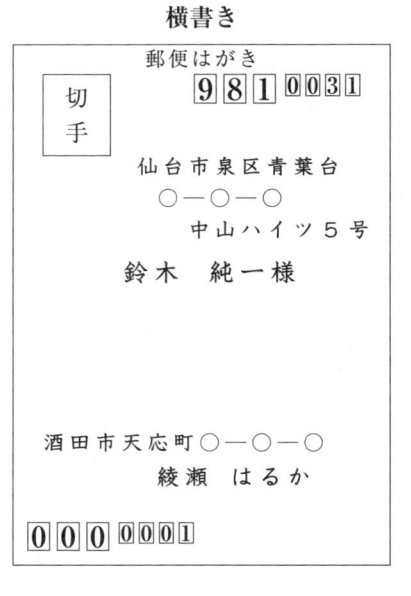

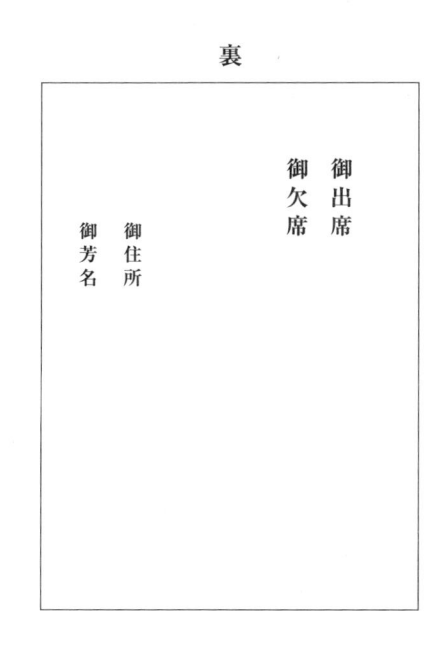

表

郵便はがき
530-0000

切手

大阪市北区北町〇丁目〇番〇号
鈴木　一郎　行

□□□□□□

裏

御出席
御欠席
御住所
御芳名

38 宛名の書き方―文字の配列と正確さ―

表

郵便はがき
530-0000

切手

大阪市北区北町○丁目○番○号
鈴木 一郎 柿
様

123 4567

裏

ご結婚おめでとうございます。
御出席　喜んで出席させていただきます。
御欠席

御住所 ○○○○○
御芳名 ○○○○

裏

ご結婚おめでとうございます。
御出席　残念ながら所用があり、出席できません。お二人の幸せを心よりお祈り申し上げます。
御欠席

御住所 ○○○○○
御芳名 ○○○○

39　ビジネス文書—社内文書と社外文書—

1　ビジネス書簡

　ビジネス書簡は，社内向けの，主として情報伝達を目的とした「社内文書」と，社外向けの，あいさつ，情報伝達，お礼などの目的をもった「社外文書」の二つに大別することができます。

　なお，社外文書のなかでも，役職者の異動や社屋の移転，季節のあいさつなどの儀礼的な文書は，別に「社交文書」と呼ばれます。社内・社外を問わず，ビジネス書簡の大きな目的は，用件を「正確・明瞭・簡潔」に伝えること，並びに，記録を残すこと，にあります。

2　ビジネス書簡の基本ルール

　ビジネス書簡の基本的なルールは，つぎのとおりです。
　①　形式を守る
　現在，ビジネス書簡はだいたいの形式（フォーマット）が定まっています。組織によって多少の違いがありますが，各所が示す形式に準じましょう。
　②　明確で簡潔な件名をつける
　礼状以外は，用件をわかりやすくするため，明確で簡潔な件名をつけます。「依頼，案内，回答」等は件名の最後の括弧内に入れます。
　　社内文書の件名の例：パソコン講習会の件（案内）
　③　内容をわかりやすく書く
　内容がわかりやすいように，センテンスは短めにし，箇条書きとします。
　④　1件につき1通，1枚
　1通の文書に，用件は1件とし，1枚以内でまとめます。それ以上長くなる場合は，参考資料として添付します。

3　ビジネス書簡の形式（フォーマット）

　①　日付：書簡を出す日付（年月日）
　②　宛先：社名，部署名，職名，氏名
　　・会社・部署等組織宛：例「○○　部　御中」

・個人宛：例「営業部長　金子　章子　様」,「金子章子様」
・複数宛：例「ご担当者　各位」
③　発信者：社名，部署名，職名，氏名

正式な社外文書の場合，所在地や電話番号等を入れることもあります。所在地や電話番号等の位置は社名等の上でも下でもよいことになっています。社内文書の場合，社名は不要です。

④　件名

センタリングします。下線を施すなど目立たせる工夫をします。

⑤　本文（頭語・前文・主文・末文・結語，＊社内文書は主文だけでよい）
⑥　記書き
⑦　添付書類・同封書類
⑧　担当者名（直接の担当者がいる場合のみ。社交文書には不要）

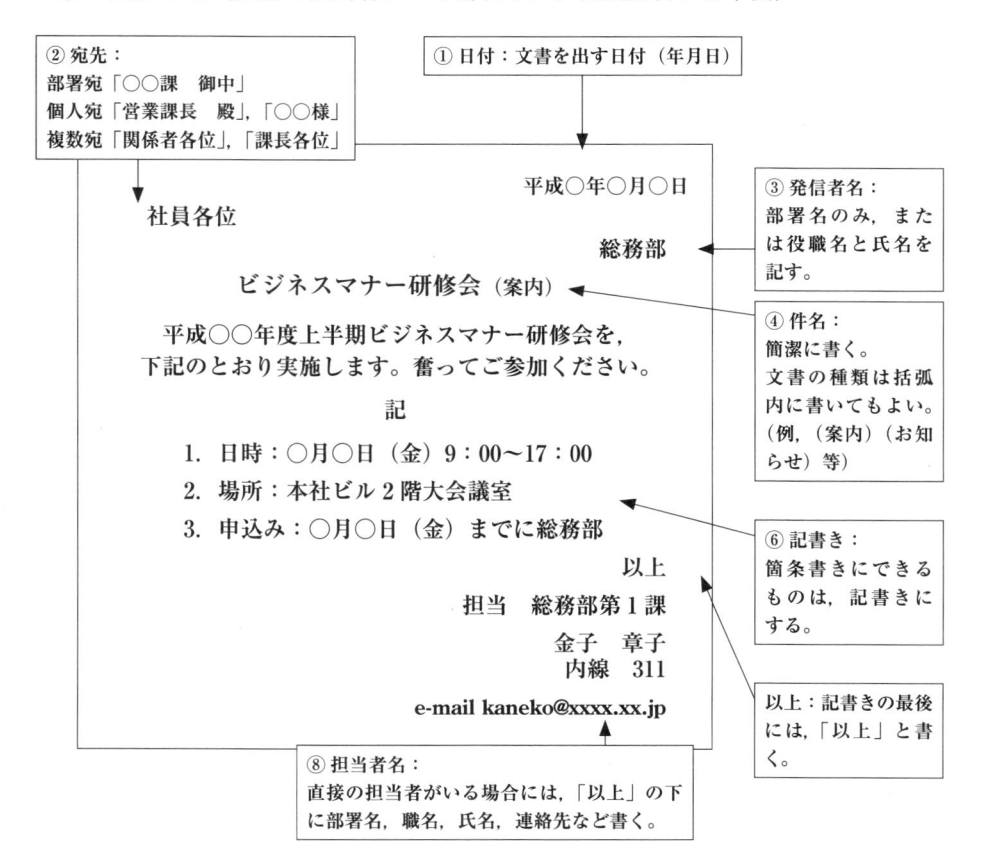

②宛先：
部署宛「〇〇課　御中」
個人宛「営業課長　殿」,「〇〇様」
複数宛「関係者各位」,「課長各位」

①日付：文書を出す日付（年月日）

社員各位

平成〇年〇月〇日

総務部

③発信者名：
部署名のみ，または役職名と氏名を記す。

ビジネスマナー研修会（案内）

④件名：
簡潔に書く。文書の種類は括弧内に書いてもよい。（例，（案内）（お知らせ）等）

平成〇〇年度上半期ビジネスマナー研修会を，下記のとおり実施します。奮ってご参加ください。

記

1. 日時：〇月〇日（金）9：00〜17：00
2. 場所：本社ビル2階大会議室
3. 申込み：〇月〇日（金）までに総務部

以上

担当　総務部第1課

金子　章子
内線　311

e-mail kaneko@xxxx.xx.jp

⑥記書き：
箇条書きにできるものは，記書きにする。

以上：記書きの最後には，「以上」と書く。

⑧担当者名：
直接の担当者がいる場合には，「以上」の下に部署名，職名，氏名，連絡先など書く。

5章　ビジネス通信

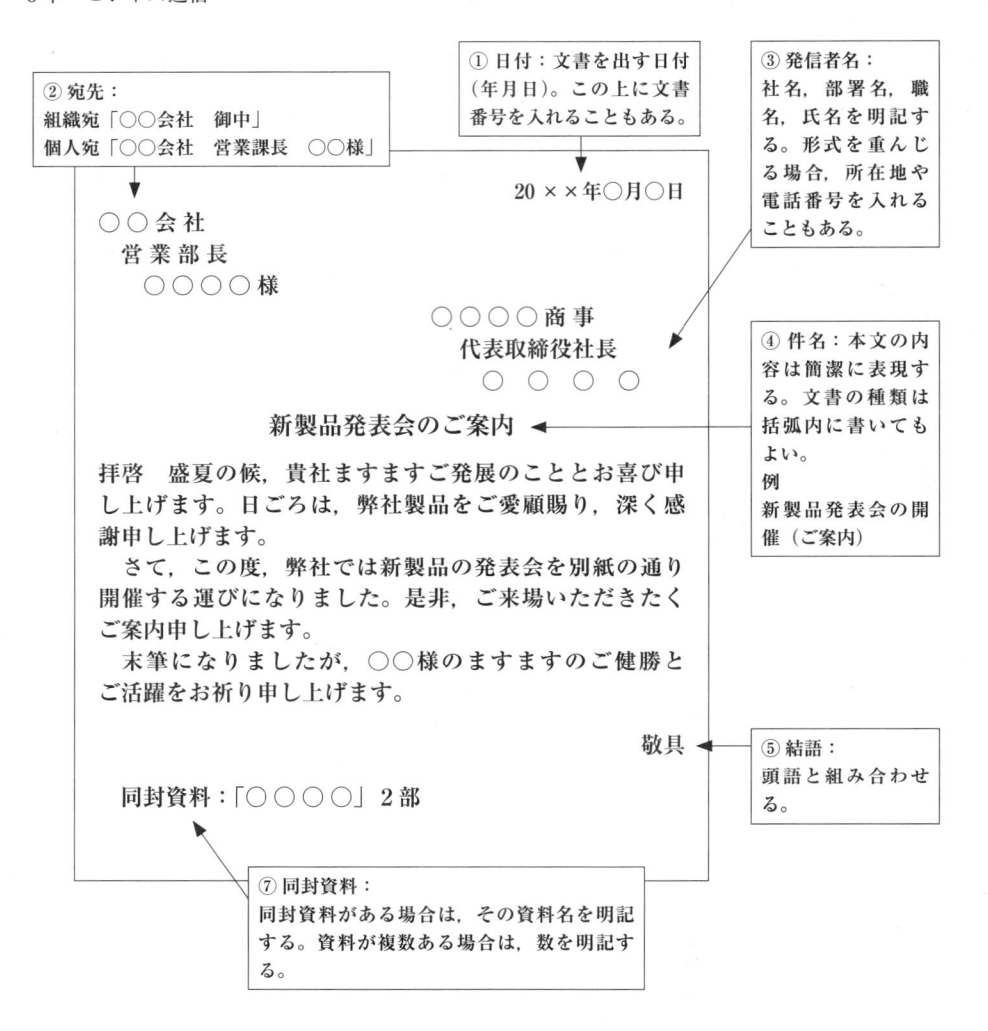

```
②宛先：
組織宛「○○会社　御中」
個人宛「○○会社　営業課長　○○様」

①日付：文書を出す日付（年月日）。この上に文書番号を入れることもある。

③発信者名：社名，部署名，職名，氏名を明記する。形式を重んじる場合，所在地や電話番号を入れることもある。
```

――――――――――――――――――――――――――
　　　　　　　　　　　　　　　　　　20××年○月○日

○○会社
　営業部長
　　　○○○○様

　　　　　　　　　　　　　　○○○○商事
　　　　　　　　　　　　　　代表取締役社長
　　　　　　　　　　　　　　　　○　○　○

　　　　　　　新製品発表会のご案内

　拝啓　盛夏の候，貴社ますますご発展のこととお喜び申し上げます。日ごろは，弊社製品をご愛顧賜り，深く感謝申し上げます。
　　さて，この度，弊社では新製品の発表会を別紙の通り開催する運びになりました。是非，ご来場いただきたくご案内申し上げます。
　　末筆になりましたが，○○様のますますのご健勝とご活躍をお祈り申し上げます。

　　　　　　　　　　　　　　　　　　　　　　敬具

　同封資料：「○○○○」2部
――――――――――――――――――――――――――

④件名：本文の内容は簡潔に表現する。文書の種類は括弧内に書いてもよい。
例
新製品発表会の開催（ご案内）

⑤結語：頭語と組み合わせる。

⑦同封資料：同封資料がある場合は，その資料名を明記する。資料が複数ある場合は，数を明記する。

4　社内文書

（1）意味と目的

　社内文書とは，広義の意味では，① 社内への書簡，電子メール，FAX，掲示，② 社内での資料等，社内の文書すべてを指します。狭義の意味では，社内の書簡を指します。

　社内文書の目的は，① 正確で確実な伝達，② 責任の所在の明確化，③ 記録の保存，です。

（2）特　徴

社内文書は，簡潔さが求められます。したがって，形式上，頭語，前文，末文，結語などは不要です。また，文章も儀礼的な語句や敬語も不要です。

5　社外文書

（1）意味と目的

社外文書とは，広義の意味では，① 社外に対する書簡，電子メール，FAX，② 関係機関・顧客等への掲示や告示等，社外の文書すべてを指します。狭義の意味では，社外の書簡を指します。

社外文書の目的は，① 社外との適切な関係性の構築，② 正確で確実な伝達，③ 記録の保存，です。

（2）特　徴

社外文書では，内容の正確さに加え，文面上，礼儀が重要視されます。したがって，主文のほかに，形式上，頭語，前文，末文，結語などが必要です。また，文章も挨拶文の挿入や敬語の使用が不可欠です。

（金子）

6章　仕事のしかた

40　仕事の進め方—新人社員の10の留意事項—

1　仕事の三原則：「正確」「丁寧」「迅速」

　仕事の三原則は，「正確」「丁寧」「迅速」です。物事の処理は「正確」に行います。「正確」に行うためには，最初は時間がかかるかもしれませんが，「丁寧」に処理することです。迅速に処理しようとして正確さを欠き，やり直しが必要になるようでは早く処理しても無駄なことになります。

　「正確」と「丁寧」を心がけ，「迅速」な処理のしかたを身につけましょう。

2　仕事の進め方：仕事の分類と優先順位

　仕事は，一所懸命に取り組むものです。しかし，ただひたすら取り組めばよいというものでもありません。仕事の緊急性，重要度等により，仕事の内容や目的を見極め，適切な順番や，それにかける時間とインプット（コスト），さらに，アウトプット（成果物，結果）のレベル等を調整する必要があります。

　仕事の分類と優先順位の考え方は，つぎのとおりです。

①　緊急を要する仕事 vs. 緊急を要しない仕事
　　　→順番と処理する時期を考える。
②　重要度の高い仕事 vs. 重要度の低い仕事
　　　→順序だけでなく，インプットとアウトプットのレベルを配分する。
③　非定型業務 vs. 定型業務
　　　→業務に応じた適切なやり方と処理のタイミングを選択する。
④　共同作業 vs. 個人作業
　　　→人の配置とインプットを考える。
⑤　業績改善（パフォーマンス）vs. 組織の維持・強化（メンテナンス）
　　　→組織の状況によって判断する。

3　新人社員の10の留意事項

① 謙虚に取り組む

自分では「一人前」と思っていても,「新人は新人」です。謙虚な気持ちで,上司や先輩の指導を仰ぎ,その指示に従いましょう。

② メモを取る

仕事を早く覚え,正確に遂行するためにも,指示を受けるときには,簡単なことでもメモをとる習慣をつけましょう。

③ 「報告・連絡・相談」を行う

わからないことは上司や先輩に積極的に尋ね,独断で処理することのないようにしましょう。

④ 働きやすい環境をつくる

周囲の人と協調し,周りの力を活用すると同時に,働きやすい環境を自らつくりましょう。

⑤ 指示を待つのではなく,自分から仕事を見つける

自分の仕事が終わったら,積極的に上司・先輩の仕事を手伝いましょう。

⑥ キャリア形成を考える

自分の会社,競合他社,市場動向などについて,常に勉強しましょう。

⑦ 役割と立場を認識する

会社のなかでの自分の役割と立場を認識し,期待に添う行動をしましょう。

⑧ 整理整頓する

机の上や中以外,パソコン内の資料整理が大切です。

⑨ 仕事と私的なことを区別する

公私の区別といいますが,あいまいななかに仕事のヒントが見つかることもあります。公私を充実させましょう。

⑩ 自分の能力を絶えず向上させる

学生時代以上に,学力,体力,気力の充実を目指しましょう。メンタルヘルス不全に陥る人が少なくないなか,心力の向上を意識することが大切です。

(辻)

41　報告・連絡・相談—組織内の緊密な連携—

1　組織内の連携と報告のポイント

(1)　組織内の緊密な連携とは

　組織における仕事は，組織内の緊密な連携で成り立っています。「報告」「連絡」「相談」「確認」の積み重ねが組織の連携となり，仕事を進めていきます。たいしたことではないと思って確認しなかったり，忙しいのでわずらわせてはいけないなどと思い報告と連絡を省略したりすると，重大な結果を招くことがあります。とくに仕事の遂行中に疑問にぶつかったり，トラブルが生じたりしたときには，早めに対策を講じるうえで，緊急な報告，連絡，相談が必要です。

(2)　上手な報告は 5W3H がポイント

　仕事の仕上がりや事実をつぎの点に気をつけて報告します。

5W	what（なにを）：なにを伝えたいのか
	why（なぜ）：どのような理由で行われるのか
	when（いつ）：日時，時間は明確か
	where（どこで）：どこで行われるのか，行われたのか
	who to whom（だれが，だれに）：だれからだれに宛てたものか
3H	how（どのように）：どのような方法・手段で行われるのか
	how much（いくらで）：いくら（金額）かかるのか
	how many（いくつ）：いくつ（数量）いるのか

2　報告と連絡のしかた

(1)　直ちに報告する

　仕事は，「指示に始まり報告で終わる」といわれます。上司は，部下の仕事の進捗（しんちょく）状況を常に把握しておく必要があります。報告は，上司に対する義務です。
　通常，原則として指示を出した本人に直接報告します。

(2)　悪い報告ほど早く行う

　時間をおくほど，処理が遅れます。担当や関係する委員会などにただちに報告しましょう。

(3) 事実と意見は区別する

客観的事実だけを述べ，推測や意見は避けます。推測や意見を述べる必要がある場合には，事実と区別し，「これは私の意見ですが…」「私見ですが…」などと前置きしてから述べます。

(4) 簡潔明瞭に報告する

結論→理由→経過の順序で報告します。

3　相談のしかた

(1) 早めに相談する

仕事上でわからないことなどがある場合は，ひとりで悩まず早めに相談します。

(2) 相手の都合を聞いてから相談する

相談のための予約をしたり，「お時間よろしいでしょうか」と聞いたりしてから上司や先輩に相談します。相手の時間を必要以上に取らないように配慮しましょう。

(3) 自分の考えをまとめておく

あらかじめ相談事項を整理し，自分の考えをまとめておきます。

4　確認の態度

① 確認は5W3Hを踏まえて行う
② 理解するまで質問する

納得し，正確に理解するまで質問します。

(辻)

42　交渉力―成功に導く力と態度―

1　交渉とは

　顧客や得意先，取引先等とビジネス上の交渉ができるようになるまでには，学習と経験が必要です。交渉の任に当たるのは，役員，リーダー，経験豊かなベテランや専門家，そして交渉術を身につけたプロフェッショナルな人びとです。交渉は，ある議題や問題に対し，当事者が合意に達することを目的として話し合うことです。

　交渉の場では，あらゆるテクニックを駆使します。問題を発見し，解決する能力が必須です。交渉次第で，契約・条約などの成立もしくは決裂，あるいは継続的に取り組むかが決まります。成功する場合，専門の交渉技術や知識をもち，人間心理に長けていること，および人間性やチームワークが決め手となります。

2　交　渉　人

　「交渉人」(negotiater) という言葉を聞いたことがあるでしょう。これは，主にテロや事件等の人質救出，説得において犯人との交渉を担当する警察・政府の要員をいうものですが，今日では日常のビジネス交渉にも使うようになりました。企業内での交渉から取引先との価格交渉まで，交渉内容・場面は多岐にわたります。

　一方，企業の営業担当，店頭販売員や保険会社の外交員は顧客と媒介交渉を行いますが，彼らを称して交渉人とはいいません。

3　交渉の目的

　ビジネスで相手と交渉する目的は，経済的成功を得ることです。「買うか買わないか」「採用するかしないか」「どこまで譲歩するかしないか」など，「損得」勘定が働きます。そのため，交渉にあたっては，事前の準備を十分に行います。

　なかでも，情報戦に勝ち抜くことは成功への近道です。アンテナを張り巡らし，必要な「ひと・もの・こと」の情報を蓄えておきます。交渉案は，いくつかの場面を想定し，いくとおりも用意します。交渉内容は，すべて記録します。

　交渉は，職場内，客，業者，得意先など，相手との駆け引きです。交渉の場で

は，やり取りの経過を踏まえ，臨機応変に対応します。交渉能力を高めるには，普段から，集中力，観察力，忍耐力，発想力，発信力を養い，「物事にこだわる，あるいはこだわらない」「決断すべきときは決断する」などの態度を意識して身につける必要があります。

4 WIN-WIN の関係

自社さえよければ，あるいは自分さえよければという考えでは底が浅い交渉になります。信用を失えば，交渉のテーブルにつく機会を失います。WIN-WIN の関係を築こうとする態度が，相手の心を開き硬直した局面を切り開くために必要です。

交渉したからといって，よい結果を得るとは限りません。痛み分けや失敗もあります。互いが納得する落し所を探す粘り強さが不可欠です。水面下でも交渉は行われます。誠実かつ果敢に交渉する態度が期待されます。　　　　　　（古閑）

43　職場のトラブル相談―ケーススタディ―

1　職場のトラブル

職場にはさまざまな関係者がいますので，つぎのような多様なトラブルが発生します。

① 　人間関係（上司，同僚，部下，顧客，取引相手などとの間の感情のもつれ，金品の貸し借り，など）
② 　仕事上（勤労時間，給料，その他の待遇，仕事の内容，責務，責任，職場環境，など）
③ 　事件（インサイダー取引，賄賂，横領，脅喝，など）
④ 　事故（交通事故，爆発事故，欠陥商品の製造・販売による事故，など）

2　職場のトラブルに巻き込まれないために

職場のトラブルに巻き込まれないようにすることは不可能かもしれませんが，普段から，できるかぎり巻き込まれないようにすることは大切です。それは，人との関係を断ち切るのではなく，逆にコミュニケーションを取ることによって，意志の疎通を図り，互いに理解を深め，感情の行き違いや重要な情報が共有されないなどといった状態が起こらないようにすることです。職場でのよりよい人間関係は，いざというときに互いに助け合えることです。

3　職場のトラブルに巻き込まれたら

職場のトラブルに巻き込まれ，どうしたらよいかわからない場合は，なるべく早い時点で，信頼のおける上司や関係部署に相談しましょう。近年，比較的大きな企業においては，相談室やカウンセラーを有しているところも増えてきました。社内に相談するところがない場合，内容によっては公共的な相談窓口や消費者相談センターなどに相談してみましょう。

4　身近なコンプライアンス・ケーススタディ

ケーススタディ1：交通ルールの順守

Q　休日に友人たちとの飲み会があり，帰宅途中の路上で自転車と接触事故を

起こしてしまいました。相手の怪我は軽い打撲程度だったのですが、プライベートの時間に引き起こした事故でも会社の処分を受けるのでしょうか。

A プライベートの出来事とはいえ、飲酒（酒気帯びを含む）運転による人身事故は、決して偶発的ではなく、悪質な事故といわざるを得ません。刑事・行政処分はもちろんのこと、企業によっては、社会的責任を考慮して、退職勧告、懲戒免職などの厳格な人事処分を科すところもあります。

交通事故、とりわけ死亡事故といった重大な人身事故を引き起こすと、被害者も加害者も生涯にわたって物心両面で大きな負担を背負っていくことになります。「飲んだら乗らない、乗るなら飲まない」を運転者全員が徹底しなければなりません。

ケーススタディ2：人権の尊重

Q ある宗教団体に入信していることを理由に、職場で嫌がらせ、誹謗・中傷を受けています。相手に何度注意しても止めてくれません。どうしたらよいでしょうか。

A 信教の自由は憲法で保障されています。宗教団体に入信していることだけで差別を受けているのであれば、職場の上司または人事部に相談してください。ただし、自分が入信している宗教団体のために業務遂行に支障をきたすや、職場内で宗教団体への勧誘を行うなどすると、就業規則に違反することになります。

ケーススタディ3：情報システムの適正な使用

Q 職場の行事（忘年会、歓送迎会）に関する連絡や、取引先との仕事を離れた情報交換会のために会社のシステムを利用することがありますが、これも私的利用にあたるのですか。

A 会社の業務を円滑に遂行するために適切な範囲で利用する場合は、私的利用にはあたりません。ただし、法律や公序良俗に反する行為（著作物のコピー、不正・不法なサイトへのアクセス等）は、たとえ取引先からの依頼であっても許されません。不明な場合はその都度上司に連絡してください。

（辻・金子）

44 失敗への対処―心構えと対応策―

1 失敗に対する心構え

　人は，未経験のことや知らないこと，つまり「未知」のことに対しては失敗をするものです。しかし，同じ条件のもとで物事が起こるということは，厳密な科学的実験の中だけでしかあり得ません。「未知」の世界では，失敗してもそれは無理ないことと言える場合があり，過度にくよくよする必要はありません。

　しかしながら，企業経営における失敗や事故は，経済的損失を招くほか，社会不安や人命損傷につながることもあります。それは，企業の信用ひいては企業生命に大きな脅威となります。したがって，企業活動においては，失敗の原因を知り，常日ごろから失敗の原因を作らないように心がける必要があります。

```
━━━━━━━━━━━━━■失敗の原因━━━━━━━━━━━━━
① 未知（未経験）　② 無知（知識不足）　③ 不注意　　④ 計画の不備
⑤ 手順の誤り　　　⑥ 手順の不順守　　　⑦ 判断ミス
```

　人は往々にして「うまくできて当たり前」と思いがちです。そのため失敗すると，人に責められ業績に響くのを気にして失敗を隠す傾向があります。一般に，「失敗には必ず予兆がある」といわれます。とくに，大きな失敗や事故は，たいていその前に小さなミスがあり，それが適切に処理されなかったために大規模化したり物事が問題化したりします。

　したがって，職場では小さな失敗でも隠さずに報告するのは義務と心得ましょう。報告を受けた側は時間をおかずに分析し，できる限り早く対処します。小さな失敗をした時点で改善し，解決をはかるなら，大きな失敗を招くことはありません。失敗が起きたときは，個人に責任を負わせるのではなく，どのようなことが重なってこの事態が生じたのかを明確にし，今後どうしたらよいのかを，組織全体の責任として検討する必要があります。

2 失敗への対処

(1) 安全・安心・満足

　失敗したさいは，隠したり合理化したりするのではなく，できるだけ早く上司

と関係部署に連絡します。顧客をはじめとする関係者の安全と安心および満足を第一に考え，迅速で誠実な対策をとることが重要です。

(2) 失敗の分析と共有化

"失敗こそ成功のチャンス"と考え，失敗を分析し再度チャレンジすることこそ大切です。企業においては，失敗を貴重な知識として共有化し，企業全体の責任において，今後，失敗を繰り返さないように取り組むことが大切です。　　（金子）

ケーススタディ　失敗が隠され失敗が生かされなかったために起きた脱線事故

2005（平成17）年に起きた兵庫県尼崎市のJR宝塚線（福知山線）脱線事故では，運転手と乗客を含めて107人が亡くなり，550人にものぼる乗客が重軽傷を負いました。この事故は，前の停車駅での40mのオーバーランを，車掌と口裏合わせをした上で「8m」と運転手が報告したということが報道されています。「オーバーラン」というミスを隠そうとしたことが，大惨事の予兆の一つでした。失敗を許さない企業風土により，失敗が隠され，また失敗が生かされず，このような大きな事故につながったと考えられています。

用語解説

リスク管理（Risk Management）

リスク（risk: 危険）とは，「損害（損失：loss，危害：harm）が発生する可能性」のことです。リスクマネジメントとは，「各種のリスクによる不測の損害を最小の費用によって組織的，効果的に処理する経営手法」であり，それに関する全てのプロセスを指します。

リスクの分類には，さまざまなものがありますが，最もわかりやすいものは，損害の種類による分類です。

人的損害リスク　人が傷つく事故です。財務リスクにつながっていきます。

資産損失リスク　企業が所有するモノ（資産）が壊れたり，消失したりするリスクです。
　　自然災害や，火災など，そして人為的な事故などにより企業の大切な資産が失われれば，やがて財務リスクにつながっていきます。

賠償リスク　第三者に損害を与え，その賠償を求められる危険です。
　　グローバル化によって，日本にも訴訟文化が持ち込まれ，「損害には金銭で賠償するのが当然」という風潮となってきました。株主代表訴訟，PL事故，情報漏えい事件，医療ミスなどのリスクがあります。

派生リスク　第一次的なリスクの発生によって企業が被る派生的なリスクです。風評リスク，ブランド劣化リスク，顧客減少リスク等があります。

ハインリッヒの法則

労働災害を分析したハインリッヒの法則では，1件の重大災害の陰には，29件の軽災害があり，300件の「ヒヤッとした体験」があるといいます。なお，失敗の原因を分析した結果，個人に責任のある失敗は軽微に終わるのに対し，組織に問題のある場合は重大な失敗に結びつくということが明らかになっています。

45 チームワーク―組織の動かし方―

1 的確なチームワークと協調性
　会社は「組織」です。「組織」とは，「二人以上の人が共通の目的をもって共同作業を行うところ」であり，「共通の目的を達成するための手段」でもあります。組織が最大の力を発揮するためには，その組織としての特徴を最大に活かさなければならず，それには，的確な共同作業（チームワーク）が必要です。
　組織において最も重視されるのが「チームワーク」であり，その個人的特性である「協調性」です。就職のさい重視される一つが，この「協調性」です。

2 的確なチームワークの内容
　的確なチームワークには，つぎのことが必須です。なかでも，チームの長はこれらを理解し，メンバー全員の理解を得るよう努めることが大切です。
　① チームが自立している
　② 明確な独自の目的をもっている
　③ メンバー全員がチームの目的を理解している
　④ メンバーは，それぞれ自分の責任を理解している
　⑤ 目的達成のための手順や戦略がある
　⑥ メンバーは，自分の責任を遂行する使命感と能力をもっている
　⑦ メンバー間の感情面でのコミュニケーションがある
　⑧ メンバー間の作業上の情報網が確立している
　⑨ メンバーやチームが行ったことに対し，フィードバックする体制がある

3 社会生活への応用
　人は一人で生きてはいけません。生活のあらゆる局面で，他人と力を合わせ協働していくことが大切です。大学でのゼミ活動やクラブ活動，地域におけるサークル活動やボランティア活動，会社の部署や事業部における仕事，家庭における家族としての生活など，そのすべてにおいて目的と責任が存在しています。
　組織の目的を理解し，そこでの自分の責任を自覚し，目的達成のために力を合わせる努力を惜しまないでください。それは，より豊かで楽しい生活を実現する

ための必要な力となります。 （金子）

> **コラム7　上司の目から見た視界**
>
> 　上司になって，「さて」と部内を見渡すと，頼りになる部下がびっくりするくらい少ないことに気づかされる。一方，そういう自信たっぷりの上司でさえ，部下から見れば，欠点だらけ，ということになるだろう。部下に不満をもたない上司はなく，上司に不満をもたない部下もいない，というのが一般的な真理ではないだろうか。このことは，夫から見た妻と妻から見た夫ということでもいえるし，教師から見た学生と学生から見た教師など，あらゆる立場に共通した現象であるように思われる。ということであれば，大切なのはそうした欠点があるからだめと決めつけるのでなく，欠点といかにうまく付き合っていくか，ということではないだろうか。
>
> 　上司になっていちばん悔やまれたのは，なぜもっと早く，その「上司から見た視点」に気づかなかったのか，ということだ。それは決して難しくはなくだれにでもできることで，道具も仕掛けもなにもいらない。「気のもちよう」ひとつで，がらっと考え方が変わるのである。「できる部下」というのは，こういうことが人に言われなくてもすぱっとできる人なのだろう。

46 セクシュアル・ハラスメント
―「悪気がなかった」では済まされない―

1 「セクシュアル・ハラスメント」とは

「セクシュアル・ハラスメント」(sexual haressment; セクハラ) という言葉は，以前は加害者側の行為の側面に注目して「性的いやがらせ」と訳されてきましたが，近年では，被害者側の気持ちに注目して「意に反する性的言動」と訳されるようになってきました。それは，一般的には，男女間の一方が地位関係を利用して自分が優位に立とうとする行為であり，とくに他方がそれを好ましくないことと感じている場合の行為を指します。

男女間の関係というよりは地位関係，力関係を利用している面を強調する場合は，「パワー・ハラスメント」（パワハラ），大学等研究の場，学問の場で行われる場合は，「アカデミック・ハラスメント」（アカハラ）あるいは「キャンパス・ハラスメント」と呼ばれています。

2 セクハラ・チェック

セクハラに対する認識が足りない，固定的な男女の役割分担意識にとらわれている，などがセクハラの原因といわれています。職場でセクハラが起こらない環境づくりのためには，社員の一人ひとりがこれらのことを自覚すると同時に，企業全体でつぎのような風土をなくす努力が大切です。

つぎの行為をしたり，されたりしていませんか。
- ☐ 親しみを表現するために，体を触る。
- ☐ 肩を揉むのを強要する。
- ☐ 会社の飲み会でお酌を強要する。
- ☐ 私生活の悪口や，性的な噂を流す。
- ☐ 恋人の有無や結婚の予定等，私生活を必要以上に質問する。
- ☐ 同意していないのに，性的関係を迫る。
- ☐ 性的な不快環境を作り，改めない。
- ☐ 「女性のくせに」等の性差別に基づく言動を行う。
- ☐ 職場等の公の場でヌード写真やアダルト動画を見る。

会社の上司や学校の教師等からこういったことをされ，周囲の人間が「主観的な」苦痛・不快感をもつ場合，セクハラになります。

セクハラの要件は，つぎの2点です。
① 権力的な上下関係により行われる性的な言動
② それにより，行為を受けた側が苦痛・不快感を伴うか，または，それにより就業環境・学習環境などが悪化する

3　セクハラの種類

セクハラの種類には，つぎの二つがあります。

直接的な被害（対価型セクハラ）　体を触られる，性的な関係を迫られるなどの，直接的な被害が伴うもの

間接的な被害（環境型セクハラ）　職場内にヌード写真を貼ったり，女性労働者のいる場でこれ見よがしに性的・わいせつな冗談をいうことにより，職場の就労環境が悪化するもの

4　法律上のセクハラ

2007年の改正男女雇用均等法では，事業主は，職場での男女に対するセクシュアル・ハラスメント対策として，つぎの措置をとることが義務となりました。これらの措置をとらず，是正指導にも応じない場合には，企業名公表の対象となります。なお，この規定は派遣先の事業主にも適用されます。

措置義務の具体的内容としては，大きく「事業主の方針の明確化及びその周知・啓発」「相談に応じ，適切に対応するために必要な体制の整備」「職場におけるセクシュアル・ハラスメントに係る事後の迅速かつ適切な対応」の三つです。指針においてさらに細かく九つの内容が定められています。

① セクシュアル・ハラスメントの内容，セクシュアル・ハラスメントがあってはならない旨の方針を明確化し，周知・啓発すること
② 行為者については，厳正に対処する旨の方針・対処の内容を就業規則等に規定し，周知・啓発すること
③ 相談窓口をあらかじめ定めること
④ 窓口担当者は，内容や状況に応じ適切に対処できるようにすること。また，広く相談に対応すること

⑤ 相談の申出があった場合，事実関係を迅速かつ正確に確認すること
⑥ 事実確認ができた場合は，行為者及び被害者に対する措置を講じ，周知すること
⑦ 職場におけるセクシュアル・ハラスメントに関する方針を周知・啓発する等の再発防止に向けた措置を講ずること
（セクシュアル・ハラスメントが生じた事実が確認できなかった場合でも，再発防止の措置を講ずる必要がある。）
⑧ 相談者・行為者等のプライバシーを保護するために必要な措置を講じ，周知すること
⑨ 相談したこと，事実関係に確認に協力したこと等を理由とした不利益取扱いを行ってはならない旨を定め，周知すること

5 セクハラが起こらないようなコミュニケーションのあり方

セクハラに対しては，それが起こらないよう，早い時点で，「Yes/No」をはっきりと相手に伝えることが大切です。自分の意に反する言動が引き続き起こりそうな場合，アサーティブなコミュニケーション（「相手の気持ちを考慮に入れながら，自分の気持ちを冷静率直に，相手に伝えること」）によって相手に自分の「そういうことをいわれたり，されたりするのは，嫌だ」ということを伝えましょう。

【11 参照】

セクハラに関する具体的な裁判例

米国三菱自動車事件（1998 年和解）
アメリカにおける三菱自動車の子会社が，セクハラ問題に対して日本流に対応。改善勧告がなされたが，具体的な対処をしなかったため，34億円（3400万ドル）の保障金（和解金）を支払う結果となった。

岡山県・人材派遣会社セクハラ事件（平成 14 年判決）
専務が女性支店長 A と車内で関係をもつための計画を立て，別の女性支店長 B に協力要請したが拒否されたため，A と B は降格され最後には給与が支払われず退職を余儀なくされた事件。会社と専務は，A と B に慰謝料として合計 3000 万円を支払う結果となった。

（金子）

コラム8　壇上での大失敗から

　若いころ，ある集会の取り仕切りをまかされ，すっかり舞い上がってしまったことがある。なにしろ鉢巻をして意気軒昂たる700～800人もの連中を前にして演壇にあがり号令をかける，というのだから，いま思えば，びびって当然なのである。しかし，当人はいたって平静なつもりで，
　「では，がんばろう三唱です。右手はこぶし，左手に腰を当てて！」
とやってしまった。
　すると，なんだかざわざわして，あちこちでくすくす笑っているのが壇上から見えた。「あれ，なんか変なこといったかな？」
と考えたが，すぐに分かったので気を取り直し，名誉挽回とばかりに前よりいっそう声を張り上げて，
　「腰を左手に当てて！」
と叫んでしまった。
　当然，大爆笑であった。訂正して言い直したつもりが，語順を入れ替えただけでちっとも直っていなかったのだった。さんたんたる集会になってしまったのは，おのれの不徳のいたすところで，致し方ない。
　それ以来，大事なことは，事前に頭のなかで2，3度つぶやいてみて大丈夫と確かめてから口にするようにしている。おかげで，そのあとは，言葉のうえでの大失敗というのはしないですんでいるように思う。

47　クレーム処理—種類と対応—

1　「クレーム」の意味とクレームの増加

クレーム（claim）とは，原義では「要求」，あるいは「その要求の正当性を主張すること」です。ビジネスでは，商品（製品やサービス）に対する不満や被害を取り除いてもらうよう販売先に伝える行為，あるいは契約違反における損害賠償請求を意味します。日本語では，「苦情」と訳されてきましたが，労働条件に対する苦情と区別する意味でも，「クレーム」という言葉が使用されるようになったようです。

消費者意識の高まりや製造物責任（PL）法の制定によって，近年クレームの件数が非常に増加してきました。また，インターネットの発達により，クレームは社会的にも大きな影響をもつようになりました。

2　クレームの質の変化
(1)　「製品に対する不満」から「人に対する不満」へ

社会のサービス化に伴い，クレームの質も変化してきました。以前は，製品の品質や機能への不満に関するクレームが主でした。このようなクレームは，製品を進化させるための「市場の要望」ともいわれました。

しかし近年，クレームは，サービスに対するもの，ひいては販売者自身やクレーム対応者へのものが増加しています。このようなクレームを受けた人は，自分の人格が傷つけられたように感じてしまい，自律神経失調症やうつ病を発症する危険があると報告されています。こうしたクレームは，個人ではなくあくまでも会社の代表者あるいは社員としての人格に対するクレームとして受け止め，顧客の要望をじっくりと聴くことによって，顧客の望む状態の実現に近づくように両者で歩み寄る必要があります。

(2)　「クレーマー」の誕生

クレームは，そのすべてが正当なものであるとは限りません。企業に対し，クレームを訴える人（クレーマー）のなかには，権利としてのクレームのみならず，クレームをつけること自体に楽しみを見出している「愉快犯型クレーマー」，製品故障等に便乗し，ここぞとばかりに損害賠償を要求する「便乗型クレーマ

ー」なども少なくありません。「愉快犯型クレーマー」や「便乗型クレーマー」が発生しないよう対策を立てることも必要です。

3 クレーム処理のポイント

(1) 権限の委譲

クレーム処理で最も重要なことは,「迅速で誠実な対応」です。そのためには,普段から,末端組織まで権限を委譲しておくことが大切になってきます。「たらい回し」になることがないよう,担当部署を明確にすることです。「担当者の明確化」は,顧客の不安を軽減するうえでも,企業の責任体制を明確化させる意味でも大切です。

(2) 両者による解決

クレームを受けた担当者は,相手の立場に立ってクレームの内容を詳細に聴き,相手の望むような状態を両者の力でつくりあげていくことが重要です。そのためには,普段から,社内でのコミュニケーションを円滑にすると同時に,人の話をじっくり聞く"傾聴の姿勢"を身につけましょう。　　　　　【3参照】

(3) 情報の共有化とクレーム処理体制の確立

企業全体としては,どのようなクレームが発生し,どのように処理し,顧客はどのように満足したのかという情報を共有化し,一元化することが肝要です。そして,クレームが出た場合,同じようなクレームが二度と出ない体制をつくり,迅速に対応することが信頼回復につながります。

(金子)

48　企業訪問—予約と訪問のしかた—

1　企業訪問の目的
企業を訪問する目的には一般に，つぎのものがあります。
あいさつ　新任・転任・退任，季節ごと，定期的なあいさつなど
商　談　プレゼンテーション，会議，打ち合わせなど
面　談　就職活動，面接，打ち合わせ，情報交換など

2　予約の取り方
（1）　一般的な例
　訪問は，原則として予約をしてから行きます。「アポイントメントをとる」「アポを入れる」といえば，個人もしくは団体と目的をもって会う約束をすることです。英語の「アポイントメント」（appointment）には「日時の取り決め，予約，約束」という意味があります。歯科医院や美容院等の予約もアポイントメントです。ビジネスでは，通常，「営業や打合せ等のために面談の約束をとること」を「アポイントメント」というほか「アポイント」「アポ」などといいます。
　予約のさいには，目的，人数，日時，場所などを確定します。相手が選びやすいように，日程案は三つ以上あげましょう。予約は早くしすぎるということはありません。普段から日程管理を心がけましょう。
　企業は，短・中・長期の視点に立って経営方針を定め事業活動の日程を組みます。業界，業種，職種により繁忙期・時間帯は異なります。必要な情報を入手し，相手に配慮したうえで予約の計画を立てます。

（2）　直前予約の例
　不意の訪問は失礼です。「近くまで来たから訪問しよう」など，思いつきで行動しないようにします。相手の都合を聞くのがマナーです。つぎは，予約なしに訪問しようとする場合の電話のやり取りの一例です。

　　「おはようございます。○○大学△△学部3年の○○□男です。近くまで参りました。急で，またお忙しいところ恐れ入りますが，人事ご担当の○○様にごあいさつに伺いたいのですが，ご都合はいかがでしょうか」
　①　許可の場合　「お忙しいところ，ありがとうございます。それでは，○分

後に参りますので，よろしくお願いいたします」→長居しない
② 不許可の場合 「お忙しいところ，勝手を申し上げました。あらためてご連絡させていただきます。失礼いたします」→あらためて連絡する
＊その日のうちに，お礼ないしは予約の電話・メールをします。

3　訪問のしかた

予約が成立したら，約束した時間の1，2分前に受付に出向き来訪を告げ，取り次いでもらいます。予約カードなどがある場合，受付で提示します。遅刻する場合，必ず連絡します。受付では，つぎのことを注意しましょう。

① あいさつする→「おはようございます」「ごめんください」「こんにちは」など
② 所属と名前を省略せず正しく名乗る→「○○大学△△学部（○○大学短期大学部）□年○△△子です」「○○社営業課の○□△男と申します」など
③ 用件を述べる→「総務課の○○様にお取り次ぎ願います」「人事部の○○様と10時にお約束しております」など
④ 礼を述べ，指定の場所に移動する→「ありがとうございました」「お世話になりました」など

（古閑）

―――― コラム9　ノーアポさんが ――――

　笑い話で，ある会社の受付で「ノーアポですが」といったところ，若い受付嬢が，
　「ノーアポさんがお見えになっています」
と取り次いだという話がある。やや日本人ばなれした顔つきをしていたのかもしれないが，現代の若者は「言葉の常識」のレベルがかなり低くなっているのではないだろうか。ほかにも「出不精（でぶしょう）」といったら，「でぶ症」と誤解されていやな顔をされたとか，「気の置けない人」とほめたのに，逆に「安心して付き合えない人」と曲解されたなど，枚挙にいとまがない。「これなら通じるはずだ」という言葉のレベルが世代によって異なってきており，育った環境やふだん付き合っている仲間の違いなどにより個人差もはなはだしくなっているようだ。
　しかし，いま例に出したような言葉は決して難しいものではなく，社会人としては知っていなければならない「常識」の部類に属しているといってよいだろう。アポはアポイントメントという外来語の省略形でありやや難しいかもしれないが，ふだんから小まめに辞書を引く習慣を身につけるようにしたい。

49　名刺交換―扱い方とルール―

1　渡し方のルール
① 最新情報を記した，汚れや破損のない名刺を渡す
② 立った状態で行う。椅子に掛けていても必ず立ち上がる
③ テーブル越しに行わない。テーブルが手前にある場合，脇に出て相手に近づいて渡す
④ 名刺交換の順序に則る

ルール1　目下の者から先に名刺を差し出す。訪問先では，訪問者側が「その場にお邪魔させてもらっている者」として，先に差し出す。
　　　　　ただし，訪問者が明らかに目上の場合は，迎える側から差し出す。

ルール2　相手が数名の場合，役職が上位の順に名刺を差し出す。序列がわからない場合，状況をみて判断する（一般に，上位の人から入室する）。

ルール3　訪問者側が複数の場合，上位の順から名刺交換を始める。序列がほぼ同等の場合は，相手と自分が同時に歩み寄って行う。

⑤ 名刺は，読みやすいように相手側の向きにし，両手で（右手で持って左手は軽く添える），「○○会社の田中一朗と申します。よろしくお願いいたします」等とあいさつし，会釈しながら差し出す

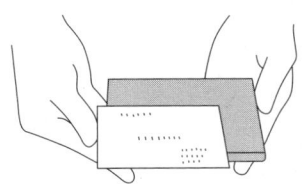

名刺は目下から差し出しますが，訪問した場合は，訪問者から出します。

2　受け方のルール
① 「頂戴いたします」等といい，会釈しながら両手で受け取る。交換するときは右手で渡し左手で受け，右手を軽く添え，胸の前で押しいただく
② 胸の位置で，両手で名刺をもちながら，役職・名前等を黙読し確認する。確認せずにすぐに名刺入れに入れる態度は，相手に「（自分は）粗雑に扱われた」という印象を与える
③ 名前の読み方等がわからなければ，必ずその場で聞く

欧米における名刺の交換

　欧米と日本とでは，名刺交換は基本的に変わりがなく，あまり神経質になる必要はありません。今日では，ほとんどといってよいほど，海外からのビジネスマンは日本式マナーを知っています。郷に入っては郷に従え，というわけです。日本では，名刺交換は，基本的に訪問者から先に名刺を手渡すのが礼儀です。

　欧米では，日本のように，会ってすぐに名刺交換したりせず，まず握手し，あいさつを交わした後に，名刺を交換します。一通りあいさつが終わると，男性の場合，背広の胸ポケットに手を差し入れるのが名刺交換の合図となります。名刺を受け取ったら，その場で名前の発音，アクセントを確認するようにしましょう。正しく相手の名前を呼ぶことが大事です。

　名刺は，原則として，両手で受け渡しします。イスラム圏のビジネスマンとの名刺交換のさい，片手，とくに左手を使って受け渡しするのは厳禁です。イスラム圏では，左手は不浄とされています。

英語表現

（1）　自分から名刺を渡すさいの表現

　Let me give you my business card.

　（私の名刺をお渡ししましょう）

（2）　実際に手渡すさいの表現

　Here's（This is）my business card.

　（私の名刺です）

（3）　相手の名刺が欲しい場合の表現

　May／Could I have your business card？

　（名刺をいただけますか？）

（4）　名刺を切らしている場合

　I'm sorry, but I ran out of my business cards.

　（すみません。名刺を切らしてしまっております）

　I'll send my business card to you later.

　（のちほど，郵送いたしましょう）

3　受け取った名刺の取扱い

① 相手が1，2名の場合は，その場で名前を暗記し，確実に暗記できたら，会釈し，名刺入れにしまう

② 相手の人数が多くて名前と役職が一致しないような場合，しばらくはテーブル上の右手前に，席順と合わせて置いても構わない。この場合，タイミングを見計らい，会釈し，さりげなく名刺入れにしまう。タイミングが合わないと，名刺をしまうのが面談の最後の方になってしまうことがある。面談終了間際や，辞す直前に無造作に片づけることはしない

③ その場では名刺に書き込み等をしてはならない

④ 名刺はぞんざいに扱ってはならない。手でもてあそんだり，曲げたり折ったりしない。ポケットやカバンに直接入れるのは，非礼となる　　　（金子）

コラム10　名刺は分身

　名刺については，忘れられないシーンがある。ある町の，江戸時代から何百年も続く老舗和菓子店の当主に面会したときのことだ。当主といっても，いまでは従業員を何百人もかかえる近代企業の社長さんで，家具調度の立派な応接間に通された。

　名刺を差し出すと，受け取ったまま，しまうでも机の上に置くでもなく，いつまでもこねくり回している。そのうち筒のようにされよれよれになった名刺が気になって，だんだん話の内容に身が入らなくなってきた。これではならじと，気を取り直すのだが，すぐに目が，その哀れな名刺のほうに向いてしまう。まあ，なんとか無事に取材を終えたのだが，あの名刺は，その後どのように処理されるのか，あとあとのことまで気になってしまった。

　それで思うのだが，日本人にとって，名刺というのはたんなる物品ではなく，たぶん意識されてはいないのだろうが，分身のようなもので，なにがしかの精神性を持たされているのではないか，ということだ。これは人によって程度の差があることだろうから，一概には言えないが，少なくとも本人の目の前では丁重に扱ってほしいものだと思ったことだった。

50　サービスの基礎知識—産業と特性—

1　サービスとサービス産業

「サービス」（service）は，経済用語では「売買したあとモノが残らず，効用や満足などを提供する，無形の商品」，法律用語では「役務」のことです。一般的には，「相手に満足を提供すること」です。また，「相手に満足を提供することを目的に，さまざまなサービスを提供している産業」を「サービス産業」と呼んでいます。

2002年改定の日本標準産業分類では，第一次産業の農林水産業や第二次産業の製造業以外には，① 電気・ガス・熱供給・水道業，② 情報通信業，③ 運輸業，④ 卸売・小売業，⑤ 金融・保険業，⑥ 不動産業，⑦ 飲食店，宿泊業，⑧ 医療，福祉，⑨ 教育，学習支援業，⑩ 複合サービス業（共同組合と郵便局），⑪ その他のサービス業，の計11の大分類があります。これらの産業を総称して，サービス産業と呼ぶこともあります。

2　サービスの特性

サービスには，つぎのような特性があるといわれています。

同 時 性　売り買いした後にモノが残らず，生産と同時に消費される。
不可分性　生産と消費を切り離すことが不可能である。
不均質性　品質は一定ではない。
非有形性　形がない。そのため，商品を購入前に見たり試したりすることが不可能である。
消 滅 性　形がないので，在庫にすることが不可能である。

サービスの提供者は，このようなサービスの商品特性を理解したうえで，客に提供することが大切です。つまり，サービスはモノが残らないので，その場の応対がすべてなのです。そのため，感覚（視覚・聴覚・臭覚・触覚・味覚）に訴え，より記憶に残るサービスを提供することが大切になってきます。

また，"人"が提供するサービスは，品質を一定にすることは簡単とはいえません。しかし，企業は適切な訓練を行い，社員は自己の能力を高める努力をすることによって，よりレベルの高いサービスを提供することが可能となります。実

際のサービスの善し悪しは，その7割が事前の準備にかかっているともいわれています。

3　真実の瞬間

「真実の瞬間」とは，顧客がその企業やサービスの最前線と接する最初の十数秒間のことを指します。その時の対応によってその企業のサービスの印象が決定づけられ，業績を左右しかねないことからも，サービス産業におけるキーワードとされています。

(金子)

日本語の「サービス」と英語の"service"

　日本語（和製英語）の「サービス」と英語のserviceは，必ずしも同じ意味ではなく注意が必要です。たとえば，日本語の「モーニング・サービス」は，レストラン等で「朝に特別に出される割安なメニュー」を指します。しかし，英語には，「サービス」に「特別に安い価格」や「無料」の意味はなく，英語でMorning Serviceといえば，「朝の礼拝」を意味します。

　また，コンピュータ・ネットワーク上で，要求に応じてなんらかの情報処理機能を提供するために稼動しているプログラム，もしくはそのプログラムが動き続けるための環境のことを「サービス」と呼んでいます。サービスを提供するコンピュータとコンピュータ上のプログラムは「サーバー」です。

51　来客応対―受付とお茶のもてなし―

1　受付の仕事

　受付は，入口や部署ごとに設置され，「ひと・もの・こと」を受け付けるかどうか判断するところです。無人でもテレビカメラが作動している場合があります。

（1）　来客応対の手順
① 快く迎える→笑顔で「いらっしゃいませ」とあいさつする
② 予約の有無を確認する→「ご予約の方（〇〇様）ですね」
③ 訪問の目的を確認する→「10時に〇〇とご面談の〇〇様ですね」
④ 関係部署・担当に連絡する→「ただ今，〇〇様がお見えです」

　昨今は目的地への案内を省くことが多くなった分，口頭の説明能力が求められます。説明の順序を整理し，親切・丁寧・簡潔・明朗・誠実・迅速・正確・公平な態度を心がけましょう。

（2）　郵便物・品物受付
① 物品を確認し，受付帳に記載する→配達人にねぎらいの言葉をかける
② 関係部署・個人に配布の手配をする→確認し，間違いなく仕分けする
　郵便物等を記帳したり，伝票を管理したりします。

（3）　人物往来確認
① 目視：社員，来客，訪問者，出入りの業者などに目配りする
② カメラ：24時間体制で監視する

　不審者を侵入させないのが目的です。携帯品を確認する場合があります。

（4）　受付の仕事

　受付は「会社の顔」である一方，有人無人に関わらず，危機管理上，侵入しようとする「ひと・もの・こと」を確認する第一関門です。無人の場合，来客は電話やインターフォンで関係部署に連絡します。案内図や花を飾ったり，季節の俳句などを掲示したりして心地よい空間を演出する会社もあります。

　来客は，有人ならなおのこと気持ちのよい応対を期待しています。短時間で相手の話を正しく聞き取り，的確に応対する力が必要です。受付では，AO（A：明るい表情，O：落ち着いた声）と，NHK（N：にこにこ，H：はきはき，K：

きびきび）を心がけましょう。相手に良い印象を与えます。

　受付担当者の仕事ぶりをみて，来客は，会社の品位，商品・サービスの善し悪しの判断の一部としています。来客に不快感や不信感を与えるようでは失格です。受付はさまざまな目的をもって来社する人の期待に最初に応える場所です。明るい笑顔，丁寧なお辞儀，気の利いた会話などを磨く必要がありますが，それは，仕事に不可欠な外柔内剛の魅力行動です。

2　お茶によるもてなしの効用

　日本のビジネス習慣の一つに，取引先や顧客に対し，お茶とお菓子でもてなすことがあります。わが社・わが店を選択してくれた，わざわざ訪ねてきてくれたなど，感謝や慰労の気持ちをこめてお茶を用意します。

　これは，「喫茶去」（禅語）の伝統をビジネスに導入したものといえます。「喫茶去」とは，「まあ，お茶でも飲んでいらっしゃい」という意味です。ともに茶を喫することは，初対面の緊張をやわらげたり付き合いの親密度を深めるなどの働きがあります。お茶を媒介にして，相手と雑談しやすい雰囲気が生まれ，商談が進んだり良いアイディアが浮かんだりすることがあります。それもあって，企業人は一杯のお茶の効用を無視していません。

　今日，家庭でもペットボトルのまま供したり，来客を接待するのに喫茶店を利用するなど，もてなしの風景は変化しています。しかし，上手にお茶をいれる社員，またそういう社員がいる企業に対する評価は減じていません。「おいしいお茶は陰の営業力になる」といった社長もいます。

　(1)　準　備
　①　手を洗い，身だしなみを整える
　②　グラスとコースター，カップとソーサー，茶碗と茶たく，布巾等，必要な器財を準備する
　③　飲み物は盆（丸盆・角盆等）にのせて運ぶ。右手は3時，左手は9時の位置に添える。盆の中に指を入れない。サイドテーブルや仮置の台があれば，いったん盆をその上に置き，お茶を出す
　(2)　飲み物の種類と入れ方
　茶菓子など，口に入るものはとくに安全性を考慮する必要があり，単に予算を抑えれば良いというものではありません。

来客の好みを覚えていて飲み物を出すのは気が利く行為です。冷たい飲み物は冷たくした器に，温かい飲み物は器を温めて出します。ほんの少しであっても時間をかけ，手間をかけることは，心をかけることであり魅力行動です。

■日本茶：
- 適切な温度：
  煎茶：約70〜80℃，玉露：約30〜40℃，
  玄米茶・ほうじ茶：100℃，抹茶：約80℃。（濃茶・薄茶とも）
- 茶葉の量：玉露・煎茶は約10g。玄米茶・ほうじ茶は約12g。
- 急須に入れる時間の目安：玉露は約1分〜1分30秒。煎茶は約1分。
  ほうじ茶は約30秒。
- お茶の量：茶碗の八分目程度を目安に色や量を均等に入れる。
- 湯の量：玉露は約80cc。煎茶は約210cc。ほうじ茶は約240cc。

■コーヒー：クリームと砂糖を添える。

■紅茶：ミルクかレモン，砂糖を添える。企業等では，ブラックティーもしくはミルクティーが多い。

（3）もてなすさいの注意

　来客や会議等で出す飲み物は，つぎの事項に注意して，ころ合いを見計って出します。

① 茶たくやソーサーに水滴をこぼさない
② 「粗菓・粗茶でございます」など，言葉を添える
③ 菓子を先に出し，つぎに茶を出す
④ 来客側からみて，茶は右，菓子は左に置く

　煎餅など，音が出るもの以外の菓子を用意しましょう。

⑤ もてなしに対し，「恐れ入ります」「ありがとうございます」「いただきます」などとお礼をいう
⑥ 面談や会議が長時間にわたるときは，茶を入れ替える

　その場合，同じ茶碗に注ぎ足ししたりせず，別の茶碗に新しい茶を入れて出します。茶たくの上に茶碗を置いたまま茶を入れると，こぼす可能性があるので，避けてください。茶碗の底を拭いてから茶たくに置きましょう。

（4）入・退室のマナー

① ノックし，「失礼いたします」「ごめんください」などと声をかけて入室する

② 来客に「いらっしゃいませ」「お待たせいたしました」などとあいさつし，会釈する。動作は，「相手を見る」→「声をかける」→「お辞儀する」の順に行う
③ 茶は上座(かみ)から出す。社外の職位の上の人から社内の職位の上の人の順に出す
④ 茶は，原則として右手上方に出す。書類等の上に置かない。スペースがない場合，「恐れ入ります。お茶をお持ちいたしました」といって書類等はよけてもらう
⑤ 盆は，胸の位置もしくは少し下げ，両手で持ち帰る。その場のじゃまにならないように黙礼あるいは「失礼いたします」といって退出する

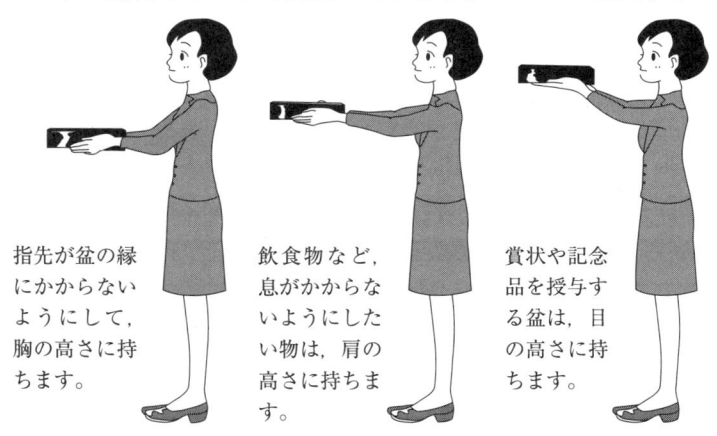

指先が盆の縁にかからないようにして，胸の高さに持ちます。

飲食物など，息がかからないようにしたい物は，肩の高さに持ちます。

賞状や記念品を授与する盆は，目の高さに持ちます。

(古閑)

52 スケジュール管理―仕事の時間配分と記録の活用法―

1 スケジュール管理とは

スケジュール管理は，時間を管理することでなく，「目標を明確にし，それを実現させるための行動を管理すること」です。「目標へ向かう行動を時間軸で管理すること」と言い換えられます。

スケジュール管理を行うことは，目標を明確にし，プロジェクトの達成イメージをつかむための一種のイメージトレーニングだともいわれています。スケジュール管理は仕事の基本であり，仕事のアウトプットを充実するうえで欠かせません。

2 仕事への時間配分

ビジネスにおける行動は，通常つぎの三つに大別できます。
① 目標達成のための創造的な仕事
② 日常業務（会議，電話，予定外の来客等）
③ ①② 以外の業雑務（事務処理，机の整理等）

スケジュール管理の本質は，これら三つの行動のなかで，目標を達成するためにいかに効率的に時間を使うかです。そのためには，目標に対する行動が具体的な仕事内容として把握されており，スケジュールに組み込まれていることが重要です。また，日常業務などを効率的に処理するスケジュール管理が必要です。

仕事に取り組む前には，計画を立て，その計画に従って手際よく進め，納期に間に合わせることが大切です。期限までに仕上げるためには，仕事の分量を確認し，納期から逆算してスケジュールを立てます。予定外の仕事が入ってあわてないためには，普段から時間的な余裕を見込んだ仕事の進め方を身につけましょう。

3 管理のしかた

スケジュール管理には，手帳，黒板，パソコン，携帯電話などを活用します。情報管理には十分留意しましょう。
① 出社時には，その日のスケジュールを確認し，退社時には仕事のもれがな

いか確認する
② スケジュール管理を記載した手帳や機器等はつねに携帯し，指示を受けるときは内容をメモまたは入力する
③ 会議での決定事項などは，その場で書き込む
④ 事前にわかっている定例の予定は，先に記入する
⑤ 面談の約束は，日時や場所だけでなく，関連する必要事項を記入する

手帳の記入例

10月

	8	9	10	11	12	1	2	3	4	5	6	7	8
9 tue							←→ 外出（A物産）						
10 wed			←→ 戦略会議（第一会議室）										
11 thu								←→ 来客（学文社）					
12 fri				←――→ 新商品プレゼンテーション（レインボーホール）									

（辻）

53　顧客情報の管理—管理と活用—

1　情報は財産

　企業にとって情報は重要な財産であり，そこで働く人びとは情報を十分に注意して取り扱わなければなりません。

　たとえば，A社の事業計画，技術情報，未発表製品の情報などが流出した場合，競合B社がこの情報を利用してビジネスを展開することがありえます。A社の受ける打撃は計り知れないものとなります。

　また，取引先や顧客の情報が流出すると，取引先や顧客のプライバシーが思わぬところで侵害されることになります。それにより，会社の信用は失墜し，契約違反による損害賠償などの責任を問われることになります。

　情報の流出は，企業の規模にかかわらず，大きなダメージになることを理解しましょう。

2　顧客情報の管理

　昨今のIT社会の進展とプライバシー保護の高まりを受けて，「個人情報の保護に関する法律」（以下，個人情報保護法）が制定され，2005年4月に施行されました。企業が知り得た顧客情報は，被害が発生しないよう厳重な管理が必要です。

　なお，個人情報保護法に関して十分な組織的体制があると認められる認証に，「プライバシーマーク」*があります。このマークを取得した事業者は，個人情報保護の管理体制が整っていると判断されます。

　　*プライバシーマーク：日本情報処理開発協会が，個人情報を扱い，これを保護する体
　　　制を整備している事業者に対して交付する認証です。金融業など多くの企業が取得し
　　　ています。

3　顧客情報管理のための身近な対応

　顧客情報管理については，企業で各種の規定やガイドラインを設けています。しかし，私たちが情報を適切に管理するためには，規定やガイドラインに沿うだけでなく，常に意識して身近な対応を行うことが必要です。

私たちの日常行動のなかでの身近な対応として，つぎの点をあげます。日ごろから十分に注意しましょう。

① USB メモリ*の管理を徹底する
② 外部委託の管理を徹底する
③ 社内での顧客の応対場所を決めておく
④ 部屋，机，キャビネット等は施錠する
⑤ メールや FAX の送信前にアドレスや番号を再確認する
⑥ 社内で見慣れない人がいたら声をかける
⑦ パソコンのパスワードは他人に教えない
⑧ 顧客のアンケート調査の回答内容を確認するさいは，その内容の関係部門や広報室へ問い合わせる
⑨ 社外の人には非公開情報を提供しない
⑩ 社外の公共スペース（電車内等）で秘密資料を広げたり，手元から離して置いたりしない

＊ USB メモリ：USB ポート（ケーブルに差し込む接続口）を用いてデータを転送する補助記憶装置の一種。

4 情報の積極的活用

顧客情報等の秘密情報は漏らさないことが重要です。一方，情報は，秘密情報も含めて，積極的に活用してこそ財産となり重要な経営資源となります。情報管理に慎重になりすぎるために，社内の部門に必要な情報が提供されないということがないようにしましょう。

情報管理に関する対応をとったうえで，顧客情報という財産を積極的に有効活用していく姿勢が肝要です。

（辻）

54　図表の作り方—利点と種類—

1　グラフの利点
さまざまなデータをグラフにすることにより，データの特徴を視覚的に捉えることができるようになります。グラフには，つぎのような利点があるとされています。
① 情報がより早く読みとれる
② 情報がより深く読み取れる
③ 問題が発見しやすい
④ 見る人に内容をアピールし，説得力がある
⑤ 見る人に興味をもたせることができる

2　グラフの種類
(1) 棒グラフ
各項目のデータを1列に並べたグラフです。時間的な推移や傾向と同時に，データの大きさ自体をみたり，複数の項目間で比較を行ったりするときに使用します。たとえば，企業や事業部門ごとの生産量や売上げなどの変動状況について数値と傾向を同時に見ることができます。

(2) 積み上げ棒グラフ（帯グラフ）
各項目のデータを積み重ねた棒グラフです。各項目の総量（データの和）と構成比を同時に比較する場合に利用します。たとえば，企業や事務所ごとの生産量や売上げ，出荷量などの変動状況をその数値と内訳，総計として同時に見ることができます。

(3) 折れ線グラフ
時間の経過に伴うデータの推移を，連続した折れ線で表すグラフです。たとえば，生産数量，売上高，在庫数などの推移を示すなど，幅広く使うことができます。プロット点の動きを読み取ることにより，各特性の時間的な移り変わりや傾向をつかむことができます。

(4) 円グラフ
円全体を100％として，円を構成する扇形の大きさでデータの構成比率を表す

グラフです。項目ごとの内訳（比率）を視覚的に表す場合に便利なグラフです。たとえば，企業や事務所ごとの生産量比率や売上げ比率，出荷量などの変動状況をその数値と内訳，総計として同時に見ることができます。

3　目的別グラフの活用

データの比較　棒グラフ，積み上げ棒グラフ（帯グラフ）などが用いられる。
データの推移　折れ線グラフ，棒グラフなどが用いられる。
構成比　円グラフ，積み上げ棒グラフ（帯グラフ）などが用いられる。

4　表計算ソフト活用例

Excel（マイクロソフト社の表計算ソフト）などには，棒グラフ，円グラフ，折れ線グラフなどを簡単に作成する機能があります。

つぎの表のデータを元にして，4種類のグラフ作成例を紹介します。

20××年度上半期営業部別売上高　(単位：万円)

	4月	5月	6月	7月	8月	9月
札幌営業部	1500	2000	2155	2300	1980	2510
東京営業部	2500	2600	2700	2300	2050	3100
大阪営業部	1900	1962	2145	1974	2200	2250
福岡営業部	1575	1350	1780	1690	1400	1957

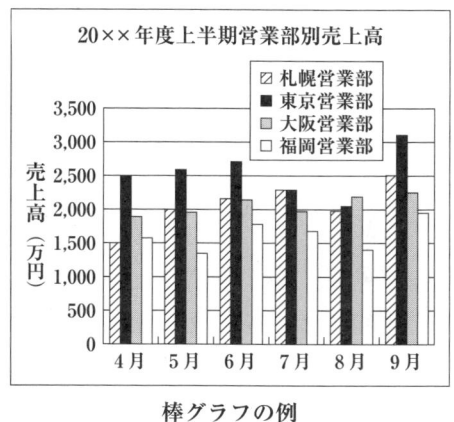

棒グラフの例

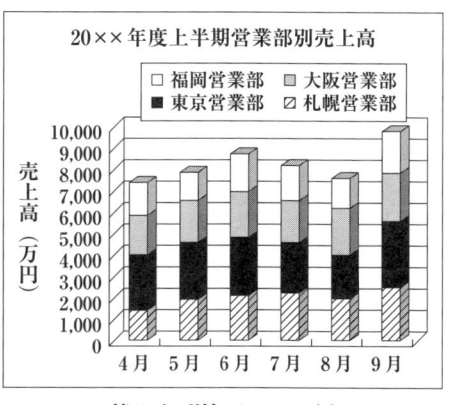

積み上げ棒グラフの例

6章　仕事のしかた

棒グラフの例

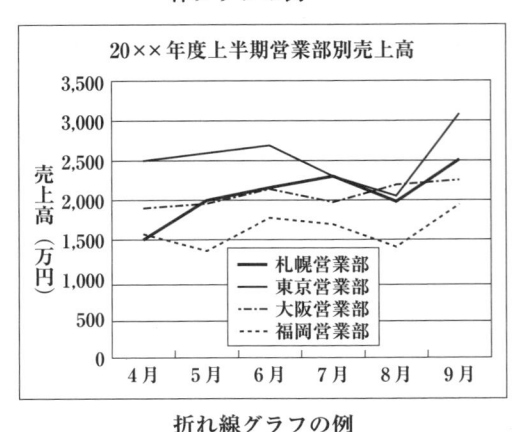

20××年度上半期営業部別売上高

積み上げ棒グラフの例

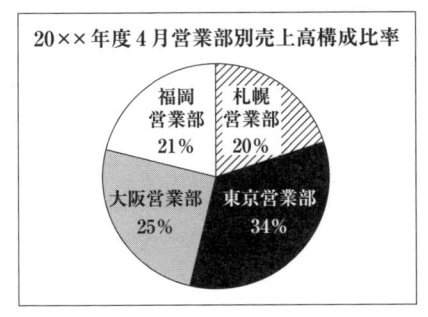

20××年度4月営業部別売上高構成比率

福岡営業部 21%
札幌営業部 20%
大阪営業部 25%
東京営業部 34%

円グラフの例

折れ線グラフの例

（辻）

╔══════════════ コラム11　思いつき発言の勧め ══════════════╗

　会議を開くときの司会者の悩みといえば，発言をしてくれる人が少ないということに尽きる。そのうち議論が弾んでくれば，逆に発言者が多すぎてさばくのに骨が折れるということもときにはあるが，おおむね，開始直後には，しーんと静まり返って気詰まりな沈黙が続くのが日本の現状である。

　ところが，いざだれかが口火を切ってくれると，これがなかなか終わらないというパターンも多い。2分や3分というのはざらで，ときには5分も6分も一人でしゃべり続ける人がいる。

　思うに，こういう経過をたどるのは，発言しようとする人が，自分の考えをまとめるだけでは終わらず，それにたいする反論まで想定し，さらにそれにたいする反・反論まで考えて，自分の発言を完璧なものにしたいと考えるからではないだろうか。自分の意見が否定されることを極度にきらうのである。

　しかし，会議を開く目的は，多くの知恵を集めてよりよい結論を得ることである。ということは，自分の発言が否定されてもよりよい意見の出ることのほうが大事だと考える姿勢がそもそも各参加者にそなわっていないといけない，ということだ。

　つまり，日本人は首尾一貫とか主張の貫徹，この道一筋，ぶれない，などを尊ぶ傾向が強いが，こと会議に関しては主張を変えるほうがよいのである。「思いつき」というと，現在は悪い意味でつかわれることが多いが，こと会議に関しては，「思いつき」発言をおおいに奨励し，君子豹変を是とするくらいの価値転換をしないといけないのではないか。1分くらいの長さの発言がどんどん出るような会議になれば，きっと実りの多い会議になるはずである。

7章　企業の仕事

55　企業と組織—進化する組織形態—

1　組織とは
　組織とは，社会学的には，「個人が協働するために集まった単位」を指しますが，経営学では，「2人以上の人が，共通の目的のもとに，意識的，計画的に行う協働の体系」とされています。組織をつくることにより，企業は，個人の物理的・時間的・能力的なさまざまな制約や限界を超えた，目的達成のための業務遂行が可能になります。

2　タテの分業とヨコの分業
　一般に企業組織は，仕事の分担のしかたにもよりますが，基本的には階層別のタテの分業と，部門別のヨコの分業とで成り立っています。
（1）　タテの分業
　タテの分業は，経済や社会の動きを広く予測し，企業全体の舵を取る経営者層，部門を統括し，そのなかで活動や成果に対して責任をもつ管理者層や監督者層，そして第一線で企業活動を推進する一般社員層に区分されます。
（2）　ヨコの分業
　企業組織は階層によって区分されるほか，企業内における仕事や，役割分担によっても区分されます。たとえば，製造と販売，工場と営業所，という区分もあれば，取扱い製品別の区分もあります。また，直接，企業活動を行うライン部門と，ライン部門を補佐・支援するスタッフ部門などの区分もあります。
　ライン部門　生産，営業部門等の部門
　スタッフ部門　総務，経理，人事等の部門
　このタテとヨコの関係が効率よく機能することによって，複雑な組織を円滑に運営していくことができます。自分が配属される部門の仕事を覚えるばかりでなく，組織全体のしくみ，自分の仕事と全体との関連性を早く理解しましょう。

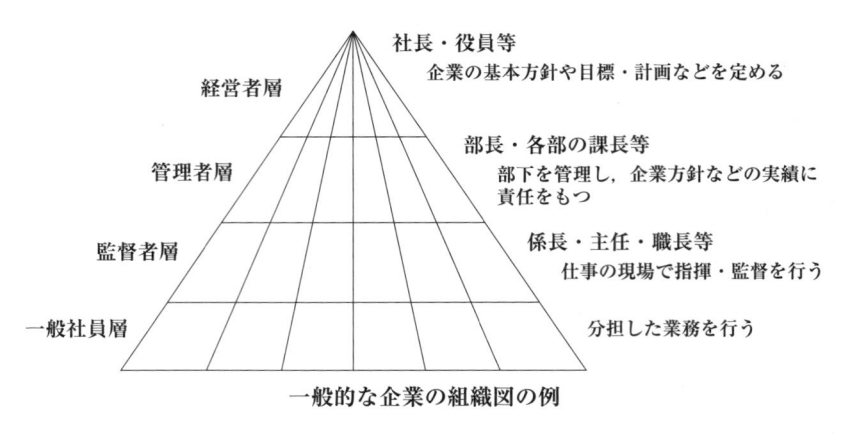

一般的な企業の組織図の例

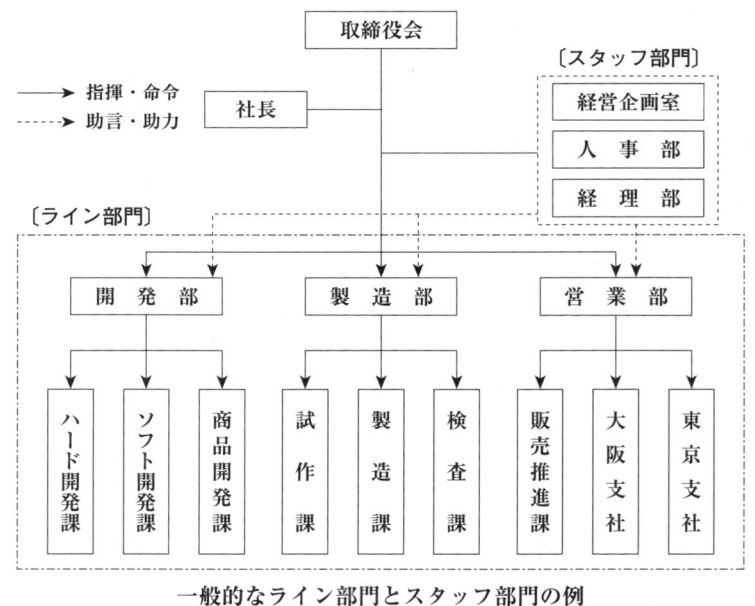

- 経営者層：社長・役員等　企業の基本方針や目標・計画などを定める
- 管理者層：部長・各部の課長等　部下を管理し，企業方針などの実績に責任をもつ
- 監督者層：係長・主任・職長等　仕事の現場で指揮・監督を行う
- 一般社員層：分担した業務を行う

→ 指揮・命令
┄→ 助言・助力

〔スタッフ部門〕経営企画室／人事部／経理部

〔ライン部門〕
- 開発部：ハード開発課／ソフト開発課／商品開発課
- 製造部：試作課／製造課／検査課
- 営業部：販売推進課／大阪支社／東京支社

一般的なライン部門とスタッフ部門の例

3　プロジェクトチーム

既存の組織や枠組みにとらわれずに，専門性・柔軟性・迅速性を高めるための組織形態です。

プロジェクトチームでは，一つの部門では対応できない課題を解決するために，部門を超えて横断的にメンバーが集められます。場合によっては，社外からメンバーを集めることもあります。

55 企業と組織—進化する組織形態—

プロジェクトチームの例

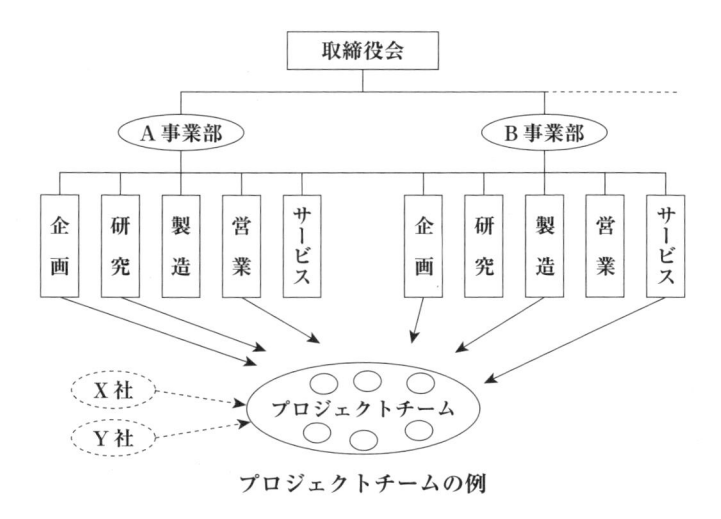

4 ピラミッド型組織とフラット型組織

　ライン部門とスタッフ部門にみられるピラミッド型組織では，意思伝達に時間がかかったり，情報の風通しが悪くなったりという欠点があります。迅速がビジネスの成否を決することも多いことにより，意思決定のスピードアップと権限委譲を目指したのがフラット型組織です。課制の廃止や管理職の廃止などで実現されます。

（辻）

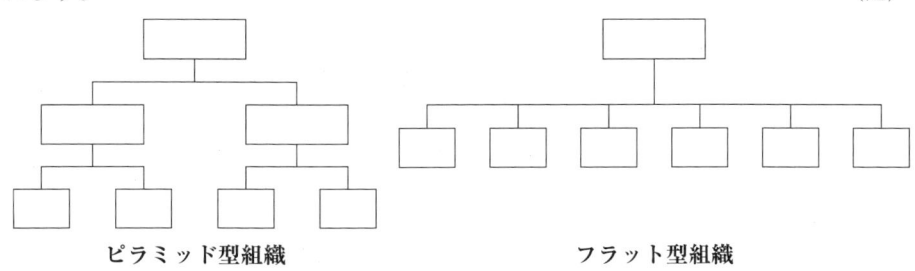

ピラミッド型組織　　　　フラット型組織

56　会議—目的と形式—

1　会議と会合
「会議」は，「評議し，決定することを目的とした議論の場」です。「3人以上の参加者が共通の場で対面し，情報の伝達や加工を行うことにより，問題の解決を図る場」という定義もあります。会議では，一般に，議長が進行役を務め，書記が話し合いの内容を記録し，決定事項はその組織内で拘束力をもちます。

一方，「会合」は，「式典，披露，懇親，意見交換をすることを目的として関係者が集まる催しや集会」です。会合では，一般には，司会者が会の進行役を務めますが，書記などはおらず，話し合った内容は拘束力をもたないといわれています。とはいえ，会合においても，座長などの調整役が参加者の意見を集約し，集約された提言などが規範を形成することもあります。

2　会議の形式
会議は，その目的に応じた，効果的な形式で行う必要があります。実際には，会議の形式は，目的，進行方法，会場などを総合的に考えたうえで決定します。

ブレーン・ストーミング (brain storming)　頭の中を嵐が起きたようにフル回転させる試みです。参加者は，自由にアイディアを出し合います。要点は，他人の意見を否定したり，批判したりせずに話し合いを発展させようとするところにあります。商品開発や新企画の提案など，アイディア会議に適しています。

フリー・トーキング (free talking)　制限を設けないで自由に討論するものです。あまり大規模でないメンバーで行います。参加者全員の顔が，互いに見えるような円卓型のテーブル配置が向いています。

バズ・セッション (buzz session)　buzzとは，蜂がぶんぶん飛び回っている音です。比較的多数の参加者を，6人から8人程度で1グループとし，あるテーマを与え，自由にワイワイガヤガヤ発言させます。

パネル・ディスカッション (panel discussion)　パネルとは，「枠」のことです。パネル・ディスカッションとは，特定のテーマに関して「パネリスト」という閉じられたメンバーの間で，ある一定の枠組みにそって行う討論のことです。その後，聴衆に「開かれた」議論をしてもらうためです。

本来，パネリストは，モデレーター，スピーカー，コメンテーターという三つの役割に分かれ，そのときどきによって役割を変えることがあります。日本では，モデレーターを「司会者」あるいは「コーディネーター」と呼び，その他のスピーカーを「パネリスト」あるいは和製英語の「パネラー」と呼ぶことが多いようです。

　シンポジウム（symposium）　「シンポジウム」という言葉は，「饗宴」（きょうえん）（一緒に酒を飲む宴会）という意味の古代ギリシャの"symposion"に由来する言葉です。一般的には，あるテーマを決めて広く聴衆を集め，公開討論などの形式で開催するものです。

　テーマについて数人（少なくとも3名以上，4，5名が適切といわれている）の報告者ないしは専門家が発表や意見を述べ，それをもとに参加者全員が討論を行います。パネル・ディスカッションとは異なり，壇上の報告者・専門家同士が討論することはありません。

　フォーラム（forum）　一つの問題を中心にして公開で討論する形式です。特定の発表者・発言者が討論した後，発表者・発言者と会場の参加者が質疑応答し，意見交換を行います。

　最近では，以上の形式を混合させたものも活用されています。たとえば，シンポジウムやフォーラムの会場内において，講演者の発表後に，参加者がグループに分かれてバズ・セッションを行い，そこでの意見を集約して会場全体に報告し，意見交換を行う形式があります。

（金子）

57　会議の運営—手順と意見集約—

1　会議の招集の手順

会議招集の手順は，つぎのとおりです。

① 　主要人物と会議室の予約状況等によるスケジュール調整
② 　会議室の予約
③ 　招集状の発送

招集状には，つぎの内容を明記します。

① 　会議の主題
② 　会議の目的
③ 　会議の日時と場所
④ 　問い合わせ先（担当者）

そのほか，関係資料を同封することもあります。

2　当日の会議の運営手順

当日の会議運営の手順は，つぎのとおりです。

① 　進行役（議長），書記の選出
② 　議題の提案
③ 　議論
④ 　反対意見の検討
⑤ 　議事録案作成
⑥ 　議事録案の主要メンバーに対する確認
⑦ 　議事録の配布

3　意見集約

「意見集約」とは，「主題とは無関係な意見を省き，主題と関係のある発言の要点を，ピラミッド構造あるいはツリー型にまとめること」をいいます。このように発言の要点を文書化することによって，発言の意図が確認でき，とくに賛成・反対などの立場とその理由を明確にできます。意見集約を繰り返していくことで総意として合意を形成する重要なステップとなります。

（金子）

58 情報伝達―タイミングが大事―

1 情報の伝達とは

ビジネスにおける情報の伝達とは，単に自分が伝えたいことを相手に伝えることではなく，相手にとって必要な情報を，タイミングよく伝えることを意味します。正確性と迅速性を大切にし，情報をわかりやすい形に加工し，より付加価値を高める必要があります。

2 情報の種類と伝達先

情報の種類は，定型情報と非定形情報の二つに分けることができます。定型情報とは，定められたスケジュールのもとに必然的に発生する情報であり，非定型情報とは，突発的に発生する情報のことです。

伝達先は，上司のほかに，用件に応じて，総務部，企画部，製造担当部，購買部等があります。とくに，事情の変化があった場合，関連部署への迅速で正確な情報の伝達に努めましょう。

(金子)

	メリット	デメリット
口　頭	対人関係の効果は大 他者の反応が即時にわかる 他の手段や機器と同時に行うと効果的 感情が伝わる	証拠が残らない 相手がその場にいないとできない 他の手段や機器がない場合，詳細な説明がむずかしい
電　話	声で確認できる どこからでも連絡が可能	一般には相手の顔が見えない 長時間は使えない 相手の都合が把握できない
電子メール	相手が不在でも送信できる 同時に多数の相手に伝達できる 切手等を貼らずに済むなど，発信作業に手間がかからない コストがほとんどかからない	記録が残るとは限らない 対人関係の効果は口頭ほど大きくない 相手がメールをすべて読んでいるとは限らない
FAX	送り手の文字をそのまま送ることができる 図が送れる 相手が不在でも送信できる 同時にある程度多数の相手に伝達できる	きれいに送れるとは限らない 記録が残るとは限らない 別途，確認が必要

59　金銭授受—支払方法とコンプライアンス—

1　金銭授受

　金銭の授受は，商品・サービスの購入（提供）と引替えに発生します。商品・サービスの買い主にはお金を支払う義務が（債務）あり，売り主には受け取る権利（債権）があります。金銭の授受のさいには，売り主からお金を受け取った証として買い主へ領収証（書）が発行されます。その場で支払いができない場合，クレジットカードなどによる後払いの方法があります。最近では金融会社などからの借金が膨らみ，自己破産*に追い込まれるケースが増えています。お金と上手につきあい，計画を立てて支払いましょう。

> *自己破産　債務者の現在および将来の収入と財産により借金を返済することが著しく困難であることを裁判所に認めてもらい，高価な財産を処分する代わりに，法的に借金をなくしてもらう手続きです。自己破産の手続きには，将来，一定の職種に就くことができないデメリットが伴います。

2　支払方法

支払方法には現金払いのほか，つぎのような方法があります。
銀行振込　銀行の窓口，ATM，インターネットによる振込方法がある。
郵便振替　郵便局から振替用紙を利用して代金を振り込む。
カード決済　銀行預金口座から指定された期日に代金が自動的に引き落とされる（分割払い，ボーナス一括払いなどがある）。
コンビニ決済　スマートピッドカード取扱いコンビニエンス・ストアで，スマートピッドカードの提示により代金を支払う。

3　金銭授受に関して注意すること

　監督官庁への贈賄など，不公正・不明瞭な取引活動は法令（法律，条令，政令，省令，通達など）や各企業の規定で禁止されています。企業や団体の社会的責任に基づく公正な行動（コンプライアンス：compliance；法令順守）が強く求められています。

（辻）

金券（有価証券）の種類

　現金以外に現金と同様に利用できる金券（有価証券）には，つぎのようなものがあります。

　全国共通図書カード　日本図書普及株式会社の商品である。全国の取扱い書店で販売しているプリペイドカードである。「一般図書カード」以外に，個人や法人がオリジナルで注文製作できる「注文製作カード」（オリジナル図書カード）がある。500円，1000円，3000円などの額面があり，書籍と引き換えられる。

　商品券・ギフト券　百貨店やスーパーなどが独自に発券している。

　QUOカード　株式会社クオカードの商品である。QUOカード加盟店のコンビニエンス・ストア，ファミリー・レストランなどで販売しているプリペイドカードである。利用できる店は，QUOカードのステッカーが貼ってある，コンビニエンス・ストア，ファミリー・レストラン，ガソリンスタンド，書店などで，全国に約3万6000店（2007年7月）ある。5千円券（5070円使用可），1万円券（1万180円使用可）にはプレミアム（割増金）がついている。

　全国共通ミュージックギフトカード　株式会社ジャパン・ミュージック・ギフトカードの商品である。ミュージックカード取扱い店マークのあるCD店，楽器店等で販売しているプリペイドカードである。全国約7000の加盟店で，CD，ビデオ，DVD，楽器等と引き換えられる。

60　領収証―書き方と注意事項―

1　領収証とは

領収証（書）は，お金を支払ったときに，受取人が受け取ったことを証明するための資料です。日常生活では，コンビニエンス・ストア，スーパー・マーケット，百貨店などでの買物のさいにレシートが発行されますが，レシートも領収証の一種です。レシートではなく，あらためて領収証が必要な場合，その旨を申し出てレシートは返します。レシートと領収証を二重に受け取ることはできません。

2　領収証の書き方

① 　宛名　正式名称を書く。たとえば，会社名の「株式会社」は（株）と省略せずに，株式会社と書く。「上様」は，基本的には，正式な領収証とならない

② 　日付　年月日を記入する（西暦もしくは元号）

③ 　金額　金額の頭に「￥」（円マーク）をつけ，後ろには，「.―」をつける。また，3ケタごとにコンマを入れる（これらは，領収証を発行した後で，数字の間に0を追加したり，頭に数字を追加するなどして桁を増やしたりといった金額の改ざんを防ぐため）

④ 　収入印紙　印紙税法により，領収証の額面が3万円～100万円以下の場合は200円の収入印紙を貼る（領収証の額面が3万円以下の場合は，必要な

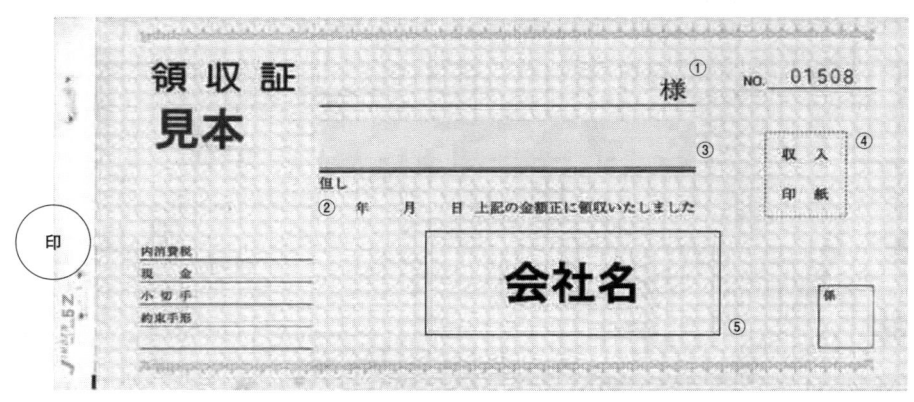

領収証の例

い)。収入印紙を貼ったときは，割印する
⑤　発行者名　店名や会社名が印刷されていない場合は，店名や会社名の印鑑を押す。個人名で活動している場合は，個人名の印鑑を押す。住所の印鑑などがない場合は，手書きでもよい

3　領収証の注意事項

①　領収証は基本的に再発行しない。再発行の場合は，その旨を明記する
②　金額などを訂正する場合は，定規を使って二重線で消し，そのうえに発行者の訂正印を押す

(辻)

61　顧客満足―顧客の創造との関係―

1　顧客満足とは

　仕事をするさいに最も大切なことは,「客の立場に立って考え行動する」という姿勢です。客が欲しくない商品は売れず,客が満足できないサービスはサービスとはいえません。常に客の立場に立ってものを考え,客に満足してもらえる商品やサービスを提供する意識が重要です。

　しかし,経営学においては,単なる「客」(buying public) と「顧客」(customers) は異なる概念です。「客」は,来店した人や取引関係がある人全員を指す言葉ですが,「顧客」は企業が提供する価値に共感しそれを共有しようとする限定された客をいいます。ドラッカー (Drucker, Peter Ferdinand) は,「企業の目的は,『顧客』を創造することである」といっています。企業が成果を生み出すためには,商品が売れること自体が必要なのではなく,自社の顧客を創造し,維持する必要があるのです。

　顧客満足 (Customer Satisfaction：CS) とは,単に「客」を満足させることだけではなく,そのような「顧客」を創造し,維持するための概念です。CSは米国において,1980年代から提唱され始めました。さらに1990年代に入り,ライクヘルド (Reichheld, Frederick) によって顧客満足度 (royality) の概念が体系化されました。

―――― 不満足な人の行動の法則 ――――
・不満をもったときに苦情を申し立てるのは一部の人に過ぎない。多くの人は,黙って次回からの購入を停止する (Silent Claimers)。
・不満を抱いた人の非好意的口コミは,満足した人の口コミよりも影響が大きい。

　満足してもらった客からは,継続的利用が得られ固定客(顧客)となってもらえるうえ,口コミを通して新規客も獲得できます。反対に,客に不満足をもたらすと,次回の購入の機会を失い,さらに口コミの悪影響で,潜在的な顧客をも失うことになります。

2 顧客満足を高めるには

① 客のニーズ（要求，需要）を把握する

客が求めているものや不満に感じていること，競合他社の動き，時代の流れを理解したうえで，役立つ商品やサービスを客に提供します。顧客の満足を高めるには，顧客が納得できる品質，価格，清潔感，接客態度，クレーム対応，アフターケアなどについて考える態度が不可欠です。賢い消費者といわれる顧客を満足させることは大変なことです。

② 社内顧客意識をもつ

自分に仕事を依頼する人があって，職場が存在します。したがって，「社内外すべての人がお客様である」という意識（社内顧客意識）をもって仕事に取り組む姿勢が肝要です。その積み重ねが，結局は外部の客が満足する顧客満足につながります。

③ 従業員満足（Employee Satisfaction : ES）

「従業員は社内顧客」という考えに立てば，最初の顧客である従業員の満足なしに社外の顧客の満足や感動は生まれないでしょう。従業員の満足度を高めるには，基本的には従業員とその仕事を認め，評価し，やる気を向上させることだといわれています。従業員のやる気を向上させる方法として採用されているものに，表彰する，研修・教育を徹底する，権限を与える，顧客からのお褒めの手紙を公表する，などがあります。

(辻)

Q 来店した客に「○○はありますか？」と尋ねられました。その商品は現在店内には在庫がありません。どのように対応すればよいでしょう。
1 今は在庫がないことを伝える。
2 今はその商品の在庫はないが，よく似た商品ならあるので，そちらを薦める。
3 今は在庫がないが，他の店舗から取り寄せると3日ほどで届くので，どうするか尋ねる。

8章　知っておきたい法律

62　ビジネスにおける基本的な法律

1　近代市民社会における法律の意味
　法律とは，国民が守るべき規範であり，社会の一員である私たちは，好もうと好まざろうと，法律に拘束されています。封建社会から近代市民社会への移行は，社会的構造からみれば，「身分」から「契約」への変遷であるともいわれています。
　たとえば，普段の買物も売買契約という契約が成り立ち，間違って釣りを受け取る行為には詐欺罪が成立します。知らなかったからといって許されることではありません。不作為という行為が成立してしまいます。

2　ビジネスにおける基本的な法律
改正容器包装リサイクル法（2007年4月施行）
　容器包装廃棄物の排出抑制の促進，質の高い分別収集・再商品化の推進などを目的とした法律です。
　学校や企業でも，ごみの分別は行われている所が多く，今や社会人としての常識です。「エゴ」ではなく「エコ」意識を高め，ごみの分別をしましょう。
個人情報の保護に関する法律（個人情報保護法）（2005年4月施行）
　個人情報（生存する個人に関する氏名，生年月日などの記述により，特定の個人を識別することができるもの）の適正な保護を規定した法律です。法律で対象となるのは，個人情報を5000件以上保有する事業者です。しかし，個人情報保護法の義務は課せられないとしても，「個人情報は，個人の人格尊重の理念の下に慎重に取り扱われるべきものであることにかんがみ，その適正な取扱いが図られなければならない」（法3条）という個人情報保護法の理念を尊重して，個人情報の保護に自主的に取り組むことが望ましいところです。個人としても，日ごろから情報管理に気をつけましょう。

政治資金規正法の一部を改正する法律（一部の規定を除き，2008 年 1 月 1 日施行）

政治資金の流れを公開することにより，国民の不断の監視と批判を仰ぎ，政治活動の公正と公明を確保し，日本の民主政治の健全な発達に寄与することを目的とした法律です。そのために法律の名称も「規制」ではなく「規正」とされています。

製造物責任法（PL 法）（1995 年 7 月施行）

PL とは Product Liability（製造物責任）の略です。製造物の欠陥によって人の生命，身体，財産に被害が生じた場合の製造業者等の損害賠償責任を規定して，消費者の保護を図ることを目的とした法律です。

知的財産基本法（2003 年 3 月施行）

音楽・出版物などの著作権や特許・商標・デザインなど工業所有権などの知的な成果物を保護する法律です。

特定電子メールの送信の適正化等に関する法律（迷惑メール防止法）（2002 年 7 月施行）

事業者が広告メールを送るさい，件名に「未承諾広告」と表示し，住所，電話番号を明記することを義務づけた法律です。

労働者派遣事業の適正な運営の確保及び派遣労働者の就業条件の整備等に関する法律（労働者派遣法）（2004 年 3 月施行）

民営派遣業務を行うさいの法律です。労働派遣業の適正な運営の確保，派遣労働者の就業に関する条件の整備，派遣労働者の雇用の安定・福祉の増進に資することを目的としています。

(辻)

63　労働法―労働三法の規定事項―

1　法律は，社会のルールであり，社会人の常識

　法律は，社会のルールです。知らないからといって許されるものではありません。法律を順守し，一人前の社会人として生活していくことが求められています。職業人の常識として最低限必要な，労働三法（労働基準法，労働組合法，労働関係調整法）および男女雇用機会均等法について知っておきましょう。

2　労働基準法

　労働条件について経営者が守るべき最低限の基準を定めた法律です。1947年に施行され，改正法が2003年に施行されました。定められている事項は，つぎの項目等です。

① 　労働時間，休暇，休日，年次有給休暇
② 　男女同一賃金の原則
③ 　強制労働の禁止　など

3　労働組合法

　労働組合*1の結成の保証，経営者との団体交渉，ストライキ*2やロック・アウト*3などの労働争議に対する刑事上・民事上の免責要件などが定められている法律です。1949年に施行され，改正法が2005年に施行されました。定められている事項は，つぎの項目等です。

① 　労働組合
② 　労働協約　など

＊1 **労働組合**　賃金労働者が，自らの生活条件や社会的地位の維持と向上を目的にして，自発的に団結して組織した団体をいいます。略称，労組（ろうそ）。
＊2 **ストライキ**　労働条件の向上，その他の目的を実現するために，労働者が集団的に業務を停止することをいいます。日本では，公務員，国営企業職員，地方公営企業職員は法律によって禁止されています。略称，スト。
＊3 **ロック・アウト**　労働争議における資本家側の対抗手段として，工場や作業所などを一時閉鎖し，労働者の就業を拒否することをいいます。

4 労働関係調整法

労働関係の公正な調整をはかり，労働争議を予防し，または解決して，経済の興隆(こうりゅう)に寄与することを目的とした法律です。1946年に施行され，改正法が2006年に施行されました。定められている事項は，つぎの項目等です。

① 労働争議の調停
② 労働争議の仲裁　など

5 男女雇用機会均等法

性別による差別をなくすための規制としての法律です。1986年に施行され，改正法が2000年，2007年に施行されました。定められている事項は，つぎのとおりです。

① 労働者の募集，採用について性別にかかわらずに均等な機会を与える
② 労働者の配置，昇進にあたって性別の差別をしない
③ 職業訓練，教育訓練にあたって性別の差別をしない
④ 福利厚生面での性別の差別をしない
⑤ 定年・退職・解雇の面での差別的取り扱いをしない

上記の格差是正を講じようとする企業への援助，セクシュアル・ハラスメント防止への配慮義務などが設けられています。

(辻)

64　社会保険制度―社会保険，介護保険，労働保険―

1　社会保険制度

　社会保険制度とは，病気，けが，身体の障害，死亡，老齢，失業などが起きたときに，国（厚生労働省）が管理監督者となって，保険制度の加入者やその家族に対して保険給付を行い，生活を保障する制度のことです。

　社会保険制度における保険は，大きく分けて，社会保険，介護保険，労働保険，の三つです。

社会保険制度の種類と管轄

種類・名称				管轄	
社会保険	医療保険	健康保険（職域保険）	組合健康保険	各健康保険組合	厚生労働省
			政府管掌健康保険	社会保険庁	
			船員保険	社会保険庁	
			共済組合	各共済組合	
		国民健康保険	国民健康保険	各市区町村	
			退職者医療制度		
			前期高齢者医療制度		
		後期高齢者医療制度		各都道府県	
	年金保険	厚生年金保険		社会保険庁	
		国民年金（基礎年金）			
介護保険				各市区町村	
労働保険	労働者災害補償保険			労働基準局	
	雇用保険			職業安定局	

（Yahoo! 社会保険を学ぼう―"社会保険制度とは"より）http://insurance.yahoo.co.jp/social/info/basic_01.html

2　社会保険

　社会保険は，医療保険と年金保険の二つに大別することができます。

　医療保険　本人や家族が，病気，けが，出産，死亡など，いざというときのために加入者が保険料を負担し，助け合う制度です。毎月決まった額を負担することにより，必要なとき必要な医療を受けることができます。

年金保険 老後の生活の所得保障としての役割を担っています。年金の支給は原則として満65歳になったとき（老齢年金，加入期間が25年以上必要），障害者となったとき（障害年金），被保険者が死亡したとき（遺族年金）に受け取ることができます。

3 介護保険

原則として40歳以上の国民が保険料を負担します。介護保険サービスを利用できる人は，年齢でつぎのとおり，二つに分かれます。

① 65歳以上で，介護が必要である，と市町村の要介護認定を受けた人（第一号被保険者）

介護が必要となった原因は問われません。

② 40歳以上65歳未満で介護保険が定める16種類の特定疾病*による，要介護状態や要支援状態の人（第二号被保険者）

原因が交通事故などの場合は，介護保険の対象外です。

* **16種類の特定疾病** 初老期における認知症（アルツハイマー病，血管性認知症等），脳血管疾患（脳出血，脳梗塞等），筋萎縮性側索硬化症，進行性核上性麻痺，大脳皮質基底核変性症及びパーキンソン病，脊髄小脳変性症，多系統萎縮症，糖尿病性腎症及び糖尿病網膜症・糖尿病性神経障害，閉塞性動脈硬化症・慢性閉塞性肺疾患（肺気腫，慢性気管支炎，気管支喘息，肥満性汎細気管支炎），両側の膝関節または股関節の著しい変形を伴う変形性関節症，関節リウマチ，後縦靭帯骨化症，脊柱管狭窄症，骨折を伴う骨粗鬆症，早老症（ウェルナー症候群等），末期がん。

4 労働保険

労働に関する保険は，労働者災害補償保険と雇用保険の二つがあります。

労働者災害補償保険 労働者が業務上の事由または通勤によって負傷したり，病気に見舞われたり，死亡した場合，必要な補償を本人や遺族が受けることができます。

雇用保険 失業し新たな就職先を探している求職者に対して，再就職するまでの生活の安定を守り，再就職を促進するために給付される求職者給付，被保険者や被保険者だった者に対して，職業能力を磨くために専門学校などに通った費用の一部が給付される教育訓練給付などがあります。

(辻)

65 雇用形態―雇用契約の分類―

1 雇用形態

雇用形態とは，企業と社員が結ぶ雇用契約の分類のことをいいます。大きく分けて，正社員，契約社員，派遣社員，パート社員（アルバイト）の四つがあります。かつては正社員が会社の主な雇用形態でしたが，会社と個人のニーズに合わせて，パート社員や派遣社員などが増加し，雇用形態が多様化しています。

(1) 正社員

正規雇用で企業に雇われた従業員籍を有する労働者のことをいいます。契約社員，派遣社員，アルバイトなどの非正規雇用で雇われた非正社員と区別するために用いられます。非正社員と比較して，給与，賞与，退職金などを合わせた生涯賃金が高く，昇給，昇進の機会および有給休暇が多く，企業と契約期間のない社員として契約しています。

企業が認めれば，アルバイトをすることもできます。

(2) 契約社員

雇用契約書に雇用期間と賃金が定められています。パート社員などと比べ雇用期間は長く，賃金も固定給の場合があるなど，安定的な労働力と考えられています。

(3) 派遣社員

人材派遣会社に雇用され，派遣先の企業に出向き業務を行う労働者のことをいいます。給与は派遣先から支給されます。労働者派遣法*が2004年に改正され，派遣社員の受入れ期間の延長と業種の拡大が行われました。それに伴い，派遣社員は増加しています。

> ＊**労働者派遣法** 労働者派遣事業の適正な運営と，派遣スタッフの就業条件の整備，雇用の安定，福祉の増進などを守るための法律です。

(4) パート社員（アルバイト）

改正パートタイム労働法では，「1週間の所定労働時間が同一の事業所に雇用される通常の労働者の1週間の所定労働時間に比べて短い労働者」と定義されています。賃金はほとんど時給で支給されます。正式には「パートタイマー」とい

います。

　このなかで，学生などが学業をしながら，空いた時間にする臨時雇用の仕事あるいはそれをする人を「アルバイト」といっています。

2　フリーターとニート

　フリーター（freeter）とは，「自由」を意味する「フリー」（free）と「〜する人」の接尾語（-ter）からできた言葉です。社会人だが，正社員として就業せず，アルバイトなどの雇用形態で働く仕事を本業として生活する人をいいます。学校に通うなど他に本業をもっている場合は，フリーターとはいいません。

　ニート（NEET：Not in Education, Employment, or Training）とは，「15歳以上35歳未満の独身者で1年以上，就労も就学も職業訓練もしていない人」（厚生労働省）を指します。

　近年，フリーターやニートの増加が社会問題とされています。　　　　　（辻）

第3部　自分らしく生きるためのキャリア

　近年，情報化・国際化・高齢化が進展し，生き方においても複雑さや煩雑さなどに対応する能力が求められるようになりました。日進月歩の科学技術は，日常そのものに大きな変化をもたらしました。それらは，行動のしかたや考え方などに影響をおよぼします。

　どのようにも生きられると思い挑戦的に人生と対峙する人がいる一方，清濁・軽重が混在する情報の圧倒的なうねりの前に足がすくんで動けない人もいます。自分の人生や，生き方を考え，思い通りに実行するのは大変なエネルギーを要することとなります。

　9章では人として生きるうえで不可欠な冠婚葬祭について，10章ではキャリアについて取り上げました。

　「今を生きている私」とは，「行動する私」以外のなにものでもありません。それは，他人との満足のいくかかわりを切望している自己です。人びとと交わるなか，どのように生きるかを自己決定していく力が自分のキャリアの構築に資することになります。

　なにがあっても，「あきらめない」「めげない」「くさらない」「にげない」態度を魅力行動として実践し，豊かなキャリア形成を目指してください。

9章　冠婚葬祭とプロトコール

66　慶事—祝う機会と物品の贈り方—

1　人生の通過儀礼

　人生の通過儀礼は，各民族に固有のものもあれば世界共通のものもあります。日本では，つぎのものがあります。祝い事は，吉日の午前中に行うなど日時にこだわりますが，関係者の都合のよい日時を選んで行うこともあります。

　懐胎の祝　妊娠5ヵ月目に腹帯を結ぶ儀式。妊婦の健康と胎児の成育を安定させるため，木綿の腹帯を巻く。犬の安産にあやかりたいと，戌の日を選ぶことが多い。

　誕生の祝　新生児の誕生を祝う。新生児の肌は柔らかいので，産着は洗濯してから使うとよい。誕生日は，毎年祝う人が多い。

　お七夜の祝　誕生後7日目の祝い。この日までに命名し，役所に出生届けを出す。

　お宮参り　男子は30日目，女子は31日目に行う。赤飯に肴を添えて祝う。関係者に赤飯を贈る。

　喰初の祝　生後110日目に祝う。大根と赤餅の膳などを用意し，食べる真似事をする。伝統的な膳にこだわらず，乳児を中心に食卓を囲んでもよい。

　七五三の祝　3歳の男女児（髪置の祝），5歳の男児（袴着の祝），7歳の女児（帯直しの祝）を祝う。伝統的には11月15日だが，前後の良き日を選んで行う。

　成人式　二十歳の祝い。責任と義務について，思いを巡らすことが肝要である。

2　長寿の祝い

① 還暦の祝（60歳）
② 古希の祝（古稀。70歳）
③ 喜寿の祝（77歳）

④ 米寿(べいじゅ)の祝（88歳）
⑤ 卒寿(そつじゅ)（卆寿）の祝（90歳）
⑥ 白寿(はくじゅ)の祝（99歳）

3　祝う機会と物品の贈り方

　一年，一生を通し，さまざまな行事を祝う機会があります。上記以外にも，子どもの成長に関しては，入・卒園，入学，進級，卒業，入社など，職業や社会生活に関しては，昇進，栄転，定年退職，受賞，叙勲(じょくん)，開店，新築，創業記念などがあり，結婚に関しては，結納(ゆいのう)，結婚，銀婚式（結婚30年）や金婚式（同50年）などがあります。

　祝いの品は，祝いの言葉と一緒に直接，当事者に渡すのが基本です。送るさいは添え状を同封します。相手に希望の品を聞いて贈るほか，金品，旅行，贈答リストなどを贈ります。贈られた側は，礼状や返礼の品を送ります。　　　（古閑）

67　弔事—基本の考え方と作法—

1　弔事の基本

「生老病死」といい，この世に生を受けた者はだれでもみな年をとり，病気を経験し，そして死を迎えます。死者を葬る儀式を「葬」（葬儀）といいます。丁重に心を込めて「送る」のは生きている者の務めです。本来，葬儀の主催は故人ですが，この世にいないため，代行者（喪主・葬儀委員長）が行います。

私的な葬儀は，家族などが亡くなったときに行います。公的な葬儀は，国葬や社葬など国や会社が施主となるものをいいます。死亡通知は，メール，FAX，電話，電報などにより，すみやかに関係各所（各位）に連絡します。広く社会に告知される場合もあります。日ごろから新聞やテレビ等，メディアの情報に注意しましょう。

2　葬儀の方法

宗　　教　仏式・神式・キリスト教式・イスラム教式・各種宗教法人・その他
無宗教　お別れの会・故人を偲ぶ会・故人を語る会・故人を称える会・その他
生前葬　生存中にお別れの式や会を行う。喪主は本人が務めることもある。

どのような形式でも，大切なのは故人を悼み，遺族・関係者の心情を察し，心からのお悔やみの態度を示すことです。葬儀の場や通夜の席，送迎バスなどで同行者や知り合いと声高に談笑するなどは慎みましょう。

3　通夜の席

通夜は，遺族，親族，故人と親しかった人びとが故人と最後の一夜を共に過ごし慰める場です。参列者が故人を偲んで静かに語り合うために，飲食が用意されます。酒で乱れたり長居したりするのは遺族への配慮を欠いた行為となります。

親しい間柄なら，裏方の手伝いを申し出てもいいでしょう。会社関係には，組織として対応します。

4 服装

服装は遺族をいたわる地味なものがふさわしく、喪服は、遺族同様、喪に服す真心の気持ちを表わすために着用します。動物素材や、光る素材のバッグや靴は禁物です。喪章は必要ありません。

濃い化粧や香水、派手なマニキュアやアクセサリーなどは場にそぐわないので、急いで駆けつけるさいでも途中で化粧を直したりアクセサリーをはずしたりする配慮が必要です。

5 社葬

社葬は、会社が取り仕切ります。主な業務を、以下に示します。

事前 ①関係各所・各位への連絡、②式次第、③運営手配
当日 ①送迎、②受付、③案内、④接待
事後 ①あいさつ、②精算、③香典返し（寄付行為の場合、香典返しはしないことが多い）

受付は弔問者のあいさつを受け記帳を促し、香典を受理・管理し、荷物の管理（貴重品を除く）をします。車両の整理のほか、弔問を終えた客に会葬のお礼の品を渡します。

6 弔問のマナー

弔問者は、受付を済ませ静かに焼香の順番を待ちます。香典は、無造作にポケットなどから出すものではありません。袱紗に包んで持参しましょう。

渡すさい、「少々ですが」「失礼ですが」などというのは不適切です。代参の場合、「○○の代理で参りました。お納めください」などと言い添えます。遺族や関係者に、心を込めて弔意（冥福と追悼）を伝えます。

「ご愁傷さまです／謹んでお悔やみ申し上げます／○○様には大変お世話になりました／さぞかしお辛いことと存じます／お慰めのことばもありません／まことに残念です」などに対し、「恐れ入ります／お忙しいところをありがとうございます／故人も喜んでいることでしょう／ご焼香いただき、感謝いたします」などと応答します。言葉が出てこないときは、深く丁寧にお辞儀することで心が通じます。

7 葬儀の作法

神道では玉串を捧げ，仏教では焼香，キリスト教は献花します。

ここでは仏教の焼香について説明します。香を指でつまみ，親指を額近く上げ冥福を祈りながら香をたきます。列が長いときは1回だけたきます。座っている場所に香炉が回ってくる場合（回し焼香），霊前に拝礼し，後ろ（横）の人に目礼し焼香します。焼香したあと，「お先に」（焼香させていただきました）とあいさつします。

葬儀の作法は，地域や文化により異なり，確認が必要です。棺に釘を打つさいは，遺族，親族，親しい人，それ以外の会葬者の順になります。小石で二回打つ作法により，形だけ行います。儀式に参列できないときは，弔電を打ちます。故人と遺族に礼を尽くす文面をしたためます。

香典は，個人，もしくは団体（組織）で用意するものです。団体の場合，原則として，強制でなく賛意を得て行います。香典の包み方は，「重ねる」のを忌むため奉書は一枚とします。慶事とは逆の，左前に折り，後ろの折り返しも「上の端」を「下の端」の折に重ねます。上から「流す」形です。水引は，黒白や青白を用い，色の薄いほうを左，濃いほうを右にします。黒白の水引の場合，「右黒左白」です。水引は，「結び切り」に結びます。銀や青の帯紙は弔事に用います。

表書きは，仏式「御仏前」，神式「御玉串料」，キリスト教「御花料」などが一般的ですが，「御霊前」「御神饌料」「御香料」と書くこともあります。水引の上部中央に品名（「御仏前」など），下部中央に数量（「壱萬円」など），その左横に個人・連名の名前を薄墨で書きます。中袋の上に数量を書く場合もあります。品名，数量，住所，電話番号，氏名を必ず書きます。印刷した熨斗袋を用いる人が増えましたが，正式とはいえません。粗相があってはならないことなので，必ず確認しましょう。

冠婚葬祭には，奉書や檀紙の知識が必要です。

（古閑）

コラム12　人の真後ろに立たない

　カナダでエレベーターに乗っていたとき，見知らぬ男と一緒になったのだが，突然かれが後ろを振り向いて，怒ったような顔でわたしになにかいうのだ。こちらは，とっさのことで聞きとれず間抜けな顔をしていたと思うのだが，かれが何回かいっているのをよく聞くと，どうも，

"Don't stand just behind me"

といっているようなのだ。いわれてみれば，たしかに，わたしはかれの真後ろに立っている。それは，まさしく取りようによっては物騒な位置だった。いや，「取りようによっては」ではなく，どう考えても「物騒な位置」に違いなかった。文字どおり，かれの「真後ろ」にいたのだから。

　それまで，わたしは，エレベーターに乗れば，出入りを防げないようにということから，なんとなく奥のほうに進み，結果として，なんとなく人の後ろに立つことが多かったように思う。けれども，それは，あまりにもナイーブで国際社会では非常識ともいうべき行動だと思い知ったことだった。それからは，日本に帰ってからも，わたしは，エレベーター内では最低でも人の視界の端に入るくらいの位置にいるよう心掛けているし，道路や通路を歩くときでも人の真後ろにならないよう気をつけるようにしている。

68　交際業務—必要な物品・資料—

1　交際とは

　交際は，狭義には「親戚や友だち同士の日常的で私的な付合い」をいい，広義には「冠婚葬祭の非日常的で社会的な付合い」をいいます。「冠婚葬祭」は古代から続く四大儀礼で，「成人，結婚，葬儀，祖先の祭祀」のことです。「村八分」といい，付合いを断絶した場合でも，葬儀と火事見舞いは行うものとされました。

　企業は，冠婚葬祭を非定型業務に位置づけ，交際業務としています。慶弔事，とくに弔事は日程を予定したり計画したりできません。咄嗟の対応が要求されます。しかしまた，普段から用意しておくのが業務たるゆえんです。

2　交際業務に必要な物品・資料

―――――― 交際業務に必要な物品・資料 ――――――
① 袱紗（金品を包むためのもの）
② 熨斗袋・ポチ袋（檀紙・奉書，水引を用いて手作りするか購入する。ポチ袋はお年玉袋サイズの袋）
③ 筆（慶事は濃墨，弔事は薄墨）
④ 新券（千円札，五千円札，一万円札）
⑤ 電報の文面資料
⑥ 花や蝋燭，線香などを購入する店のリスト，など

　その他，とくに，担当者は，ロッカーに慶弔にふさわしい服装，黒のネクタイ，数珠などを用意しておきましょう。

3　紙幣の折り方・包み方

　ポチ袋に入れる紙幣は，表側を上にし，左→右の順で三つ折りにします。熨斗袋や中袋に紙幣を封入する場合，紙幣の表側を上にします。紙幣を包むさいは，慶事のときは右が上，弔事のときは左が上になるように折ります。

4　熨斗袋の上書き

熨斗袋に上書きするさいは，以下の点に注意します。

① 連名で書く場合，年長者や取りまとめる世話役の名前を左側に記す
② 名前は，原則としてフルネーム（姓名）で書く
③ 数字は，「一」は「壱」，「二」は「弐」，「三」は「参」とし，「万」は「萬」と書く（間違いなく正しい金額を示すため）。「円」を「圓」とする書き方もある
④ 表書きだけでなく，中袋にも名前，住所，電話番号，金額等を書く

御菓子料　　壱萬円　　古閑博美

御霊前　　辻恭子　金子章子　古閑博美

（古閑）

69　贈答文化—贈答の基本—

1　贈答は古くからの慣習

　古来，儀礼や社交に贈答は欠かせないものです。他国や他家を訪問するさい，土産(みやげ)を持参するのは古くからの慣習です。

　古代，贈答は，①下位者から上位者に貢物(みつぎもの)を贈り恭順(きょうじゅん)の意を示す，②上位者が下位者に下賜(かし)し権力や寛大さを誇示する，などのために行いました。現代は，社交上の贈答にも金額の上限を設けるなど，華美(かび)を排し，対等・平等主義にのっとってやり取りするようになりました。

　贈答は，国同士の外交，個人やビジネスでの社交や付合いに有効な親愛・敬意表現の手段として活用されています。

2　贈答文化

　贈答は贈る先に出向き直接手渡すのが本意ですが，交際範囲の拡大や相手の都合，時間の節約などから，中元(ちゅうげん)や歳暮(せいぼ)などは店舗等を通した配達が多く採用されています。虚礼(きょれい)廃止が叫ばれる一方，わが国の美風として，また人間関係や企業同士の交際を円滑に進める潤滑油として，贈答文化は廃(すた)れることはないといえます。

　一方，役所等公的機関は贈答品のやり取りを禁止し，病院等は，患者が医師や看護師などに謝礼の金品を渡す必要がない旨，院内に掲示するところが増えています。贈り手の「喜んでもらいたい」「感謝の気持ちの一端を表したい」という純粋な気持ちは受け取っても，品物の受理は固辞(こじ)するのが一般的です。無理強(じ)いは，相手に迷惑をかけかねません。贈答品のやり取りには注意が必要です。

3　贈答の趣旨，贈答品の選び方，贈答の機会

(1)　贈答の趣旨

　贈答の趣旨は，①日ごろの交誼(こうぎ)に感謝する，②今後の交誼に期待する，③交誼の継続を図る，④供物(くもつ)，⑤寄付，などがあります。

(2)　贈答品の選び方

　贈答品を選ぶさいは，①予算，②季節，③相手との関係，④相手の好み，な

どを考慮します。企業によっては，関連・グループ企業の製品や商品を贈答用に活用しています。

日本の消費者の目は世界で最も厳しいといってよく，普段から品物を吟味する態度があります。贈るさいは，安全や環境に配慮した，信頼できる品物を選ぶのが肝心です。物品以外には，図書券，商品券などの金券や現金のほか，献金や寄付の形で贈る場合もあります。

(3) 贈答の機会

贈答はつぎのような場合に行います。

季節のあいさつ　年始・年賀（1月），中元（7月～8月），歳暮（12月）など

年中行事　正月／ひな祭り／子どもの日／七夕／盆／月見／クリスマスなど

記念日　誕生日や結婚記念日など個人の記念日，創業〇周年など組織の記念日，宗教行事など

その他　外交訪問，ボランティア，チャリティ，発表会，コンサートなど

贈答品は，品物に添え状を同封するか，手紙や葉書，メールなどの別便で送ったことを知らせます。受け取ったら，必ずお礼の返事を出します。　　　（古閑）

70　国際儀礼（プロトコール）—基本と原則—

1　「プロトコール」と「マナー」「エチケット」

いずれの国においても，国際社会の一員としての自覚と責任において，政治，経済，文化，学術等の分野で他国との交際や交流を行う努力を惜しむものではないでしょう。国際化や情報化が進むなか，国や企業，団体，個人は，どのような魅力行動が求められ期待されているか考慮し，適切な行動が求められます。

「国際儀礼」は，"プロトコール"（protocol）あるいは「外交儀礼」ともいいます。かつては"プロトコール"は国家間の公的な儀礼を指し，私的な礼儀作法を"マナー"（manners），"エチケット"（etiquette）と区別しました。どちらも，わかりやすくいえば，交際のしかたやきまりのことであり，他国や他人との関係を取り結ぶうえで練られてきた政治的・社交的な知恵であり文化だといえます。

2　プロトコールの基本と原則

プロトコールの基本は「思いやり」です。相手に対し，十分配慮するのが現代のプロトコールの共通認識です。配慮とは，① 相手に恥をかかせない，② 相手を不愉快にさせない，ことで，「相手に敬意を払い，相手を立てる」ことです。そこに，政治や利害は無視できないとしても，そのための魅力行動を常に心がけ実行する取組みが不可欠です。

プロトコールは，形式主義でなく思いやりを旨とし，段取り（仕事の順序・方法）を整えます。以下は，プロトコールの原則です（寺西千代子『国際ビジネスのためのプロトコール』有斐閣ビジネス，1985年）。

①　ホスト側（国，団体，人）の慣習に従う。「郷に入っては郷に従え」
②　相互主義。招かれたら招き返す
③　誠実，正確，平静に物事を運ぶ
④　偏見や差別を慎む

いうまでもなく，仕事を遂行するのは「人」です。プロトコールに携わる人は，もてなしの方法を学ぶのは無論ですが，人間的魅力が必須です。人と成りは無視できない重要な要素となります。常に，親身でTPOをわきまえた行動が求められます。それぞれの国や企業を代表する人たちが出会う社交や交渉の場は，

人間的魅力がものをいう場でもあるのです。

3　相手が喜ぶ歓迎こそ大切

　国際的な活躍の場をもつ企業は，プロトコールが無視できません。賓客(ひんきゃく)が工場や会社を訪問することもあります。もてなしの第一は，あたたかく迎えることです。

　モナコのグレース王妃（1929-1982）が来日されたときのことです。工場見学終了後，「社員がだれも自分を見なかったが，私は歓迎されていなかったのか」と聞かれたという話があります。高貴な人をじろじろ見てはいけない，という通達を厳守した工場の人たちは，あとで「もっと気持ちを表わして歓迎したかった」と残念がったに違いありません。

　賓客を笑顔と拍手で歓迎するのは世界共通のプロトコールです。　　　（古閑）

71　席次—序列の基準—

1　席次と序列

社会では学生時代の横並び意識は通用しません。席一つとってみても，教室のように好きなところに座ってよいわけではなく，席次を意識する必要があります。席次には，職位や社会的慣例にのっとった序列があります。それは，上位席とそれ以外の席を確定する基準を理解する必要があります。

2　序列の基準

序列（order of precedence）とは，「公式の儀式などに参列する人びとの順位」のことで，基準はつぎのとおりです。

① 　公式席次（国家が官職についている者に与える席次）
② 　皇族，元首，王族，三権の長，外交団，議員など
③ 　儀礼席次（①以外の社会人に礼儀として与える席次）
④ 　政党党首，主要経済団体の長，実業家，文化人など

これらは，先任順，社会的地位，年齢などを考慮して決めます。席次の順位は，外交・仕事上，厳密に行われます。一般に，序列は社会的地位や職位の順ですが，場合によっては人生経験や入社歴などに配慮します。序列は厳密ですが，そこには「譲る，慎む，敬う」魅力行動がふさわしいといえます。

3　具体的な場面

洋室に案内された人は入り口付近で立って待ち，和室に案内された人は座って待ちます。上位席を決めるさい，右上位（欧米式）と左上位（和室など）の原則

飛行機

1. 一般的に，前方の右
2. 乗降は，上位者が最後に乗り，最初に降りるのが原則

自動車

1. 職業運転手　　2. 自家用車

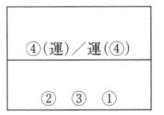

| ④(運)/運④ |
| ②　③　① |

| ①(運)/運① |
| 2人の時は，目上の人が後部座席 |

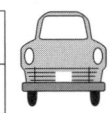

一般的に，乗るときは上位者が先，降りるときは下位者が先

182

エレベーター

1. 入って左側の奥隅
   （内部から見て右側）
2. 上位者が先に入り，あとから降りるのが原則

室内の上位席

日本座敷
床(床の間)のあるほうが上位席

①正面真ん中に，正客
②正客の左側に，次客
③正客の右側に，三客

③／①／②

があるので注意します。

（古閑）

72　仕事上の接待―これまでとこれから―

1　接待の目的
　企業・団体等（以下，企業等）の業務の一つに「接待」があります。飲食の席を設けたり，ゴルフなどに招待したりします。接待側は，被接待側に満足してもらうために，すべては仕事の成功を目指してさまざまな工夫をこらします。
　接待の目的には，つぎのようなものがあります。
　①　新規に交誼を結ぶ
　②　慰労や感謝の意を示す
　③　友好関係を維持する
　④　打ち合わせを兼ねて行う
　⑤　利益を誘導する
　しかしながら，行き過ぎた接待や，談合等の違法な行為は厳しく罰せられます。

2　これまでの接待
　「接待」は企業等の慣習としてあり，一般にも，飲食を伴う場で相手をもてなす行為を指します。組織で働く以上，担当や部署にもよりますが，就業時間後に「接待」という第二の業務に従事するよう指示・命令されることがあります。新人や女性だから担当しない，ということはありません。名目は「接待」で，目的は「営業」ということもあります。ことと次第によっては，休日出勤もあります。
　「接待」は，就業時間後もしくは就業時間以外に行うのが特徴です。理不尽な要求をしたりされたりすることがないとはいえないのです。接待費の上限を決め，行動倫理を明確にする必要があります。仕事を口実に家庭をかえりみなくなったり，健康を損ねたりするようでは問題です。

3　これからの接待
　接待攻勢をかけるなど過剰な接待は，接待側と被接待側の関係に歪み（ゆがみ）を生じさせ，両者にとって得策とはいえません。反社会的な接待の内容が露見すれば弾劾（だんがい）

され，企業等は窮地に立つことになります。企業等は，経済的・政治的・文化的・社会的存在として社会で注目されています。良識を疑われるようなことをしてよいはずがありません。

欧米では，仕事を理由に帰宅が遅い日が続くと，家庭をないがしろにした，とみなされ，既婚者は離婚に，恋人同士は別離に至ってもしかたないとされます。

企業等は，これまでの接待を見直し，経費節減や接待廃止に努めるようになりました。それには，株主や消費者の厳しい監視の目が光るようになってきたこともあずかっています。国際化・情報化時代の仕事のしかたを，「接待」業務においても考える必要があります。

（古閑）

73　個人宅への訪問—約束から当日まで—

1　訪問と約束

　他者の生活場所や仕事場所を訪れるときは，相手にできるだけ迷惑をかけずに目的を達成するよう，事前に約束するなど，準備をします。

　日時を決定するさい，相手の希望する日時を優先して調整します。先方の食事の時間帯などは避けるようにします。

2　手土産を持参する場合

日本では，あいさつのしるしに手土産を持っていくことがあります。
① 相手の好み，家族構成，季節などを考えて選ぶ
② 複数で伺うときは事前に相談して用意する。品物が重なる心配もなく，一人だけ持参せずに恥ずかしい思いをすることも避けられる
③ 訪問先の近所で購入しない。いかにも間に合わせた感じで失礼である
④ 手渡すタイミングをはかる。品物により，玄関および部屋に通されてから渡す

「近所で評判のケーキなので召し上がってみてください」「一緒にいただこうと思いまして」などの言葉を添えて，正面を相手に向けて両手で差し出します。手土産を持参する場合，花や植木，魚や野菜等生物は玄関で渡し，菓子や飾り物等は座布団に座る前のあいさつする時点で風呂敷や袋から出して渡します。紙袋は運搬用なので必ず袋から出して渡しましょう。

3　当日のマナー

　服　装　清潔なものを装う。華美にならず爽やかな印象を心がける。日本では靴を脱いで家にあがるので，素足は避ける。素足の場合，もしくは雨などで足もとが汚れた場合を想定し，ソックスを用意しておき玄関で履き替えるようにする。

　時　間　仕事では5分前行動が良いとされるが，個人宅への訪問は定刻どおりに伺うのが原則である。定刻前は，先方の準備が整っていない可能性もある。

　コートの扱い　約束している場合は，玄関の外で脱ぐ。約束していない場合

は，すぐに失礼できるように着たまま玄関に入るのを基本とする。「どうぞお上がりください」といわれてから脱ぐ欧米式のマナーが主流である。ただし，防寒具であるマフラーや手袋は玄関の外でとる。

靴の扱い　前向きに脱いで上がり，靴の向きを変えて邪魔にならないよう端に寄せておく。

あいさつ　玄関でのあいさつは簡単にすませ，客間でのあいさつを丁寧にする。

（辻・古閑）

10章　魅力的なキャリアのつくり方

74　学生と社会人の違い—三つの自覚—

1　職業人としての自覚

　学生から職業人としての生活へ移行するさい，どのような変化があるのでしょうか。学生と職業人の違いを理解し，就職という転機を1日も早く乗り越え，大きく成長していきましょう。自覚したい3点は，つぎのとおりです。さまざまな困難に出会うかもしれませんが，誠意と責任をもって仕事を進めていくならば，より良い職業生活が営めるはずです。

(1)　責任の重さ

　学生生活と職場生活の大きな違いは，責任の重さです。学生は，学校に授業料を払い授業時間以外の時間は自分の自由に使えます。一方，職業人は，勤務先・所属先から収入を得て管理される立場におかれます。仕事に対する責任を自覚し，有効に時間を使い積極的に仕事に取り組みましょう。

(2)　チームワークの重要性

　職場では，チームとして目標を設定し，目標の達成に取り組むことが多々あります。学校では，たとえば自分の成績は自分だけの問題であり，対人関係も年齢の近い仲間や先生方，アルバイト先など，比較的狭い範囲のものです。ところが競争の厳しいビジネス社会では，新しいアイディアを生み出し実現するためには集団の知恵を集約し，メリットを最大限に発揮することが必要です。組織にはさまざまな個性と価値観をもった人がいます。社歴の古い人，新しい人，男性社員，女性社員，上司と同僚など，多様な人間関係のなかで互いを認め合い，より良いチームワークを築き，仕事を遂行していくことが大切です。

(3)　エンプロヤビリティ（employability；雇用される能力）

　学校では，知識や技術を習得することが課題でしたが，職場では，知識や技術を知ることだけでなく，実際に仕事に活かしていくことが必要です。企業は，従業員教育や訓練に力を注いでいますが，時代の変化が大きい現代では，自己学習

能力を常に向上させることが大事です。自分にふさわしい学習方法を見つけ，自ら職業能力の開発に努めて「エンプロヤビリティ」を磨き続けることが職場生活の充実には不可欠といえます。

2　学習社会と職業人

　学習社会の進展に伴い，社会人学生も増加しています。社会人学生は，学生と社会人という両方の特徴を大切にしながら，職業経験を生かし，より学問を身につけ，他の学生にも良い刺激を与えながら，自分自身のキャリアを築いていきましょう。

（辻）

75 キャリアとキャリアデザイン
―四つの基本と五つのキャリア・アンカー―

1 「キャリア教育」への注目

「キャリア教育」とは，端的には「勤労観，職業観を育てる教育」であり，中央教育審議会答申（平成11年12月）では，「望ましい職業観・勤労観及び職業に関する知識や技能を身につけさせるとともに，自己の個性を理解し，主体的に進路を選択する能力・態度を育てる教育」と定義しています。現在，産業構造の変化や人びとの思考の多様化等により，個々人がより自己の人生を切り開いていく必要性が生じてきたことから「キャリア教育」が注目を浴びています。

2 「キャリア」の定義

「キャリア教育」という言葉における「キャリア」(career) とは，もともとは「仕事とかかわりながら生きていく，一生の行路」という意味です。「キャリア」は，キャリア・コンサルティングやキャリア・カウンセリングの世界では，「人生を通して仕事に関わる側面」（ワークキャリア）と，より広く，「仕事だけに限定せず，生涯にわたって経験するさまざまな立場や役割を遂行する活動全体」（ライフキャリア）を区別することがあります。

キャリア研究の先駆者であるスーパー（Super, Donald）は，「キャリアとは，生涯において，ある一個人が果たす一連の役割，およびその役割の組み合わせである」と定義しています。「人生の役割」について，ハンセン（Hansen, Sunny）は，「四つのL（Labor, Learning, Leisure, Love）がバランスよく組み合わさってこそ意味がある」（統合的人生設計論；Integrated Life Planning：ILP）と提唱しています。また，組織心理学者のシャイン（Schein, Edgar）は，「キャリアとは，生涯を通しての人間の生き方・表現」と定義しています。

3 キャリア・デザイニング

「キャリア・デザイニング」とは，「人生の節目において，自分自身と向き合い，自分自身の責任のもとに人生の舵を取ること」であり，その設計図が「キャリアデザイン」です。

キャリア・デザイニングにおいて,「キャリア」の概念は,つぎの四つの基本となる側面を含みます。
① 「成功」や「失敗」という側面を含意しない
② そのキャリアを歩む本人によって評価されるものである
③ 主観的な側面と客観的な側面がある
④ 「プロセス」（過程）である

キャリアについて考えるとは,これらの基本となる側面を認識したうえで,まず③の主観的なキャリアイメージを確立することから始まります。シャインは,つぎの三つの問いに向き合うことがキャリアの基盤をつくることになると言っています。
① 自分にできることはなにか（能力・才能）
② 自分はなにがしたいのか,あるいはなにをしている時に充実感を感じるか（動機・欲求）
③ 自分はなにをすることに価値を感じるか（意味・価値）

社会は,人びとの生産活動（仕事）によって成り立ち,発展します。キャリアとは,仕事とかかわりながら生きていく自分の人生や活動に対して,その意味を追求し獲得していく過程でもあります。また,キャリア教育とは「勤労観,職業観を含むさまざまな役割を担う場面において対応する力や意味を見出す力を育成する教育」であり,家庭と社会を結びつけるものといえます。

4 五つの「キャリア・アンカー」

「キャリア・アンカー」とは,キャリアを選択するさいに最も大切な,他に譲れない価値観や欲求をいいます。シャインは主なキャリア・アンカーを,「管理能力」「技術的・機能的能力」「安定」「創造」「自律」の五つに分類しました。

管理能力　組織のなかで責任ある役割を担うことを望むこと（管理者）
技術的・機能的能力　自分の専門性や技術が高まることを強く望むこと（技術者）
安　定　安定的に一つの組織に属することを望むこと（組織人）
創　造　クリエイティブに新しいことを生み出すことを望むこと（開発者）
自　律　自分で独立することを望むこと（企業家）

このキャリア・アンカーを見極めたうえで,企業は人事制度を設計し,個人はキャリアを選択すべきだといわれています。
（金子）

76 生涯学習―四つの柱と五つの変化―

1 「生涯教育」から「生涯学習」へ

1960年代半ば，経済成長が転換期にさしかかると同時に，技術革新の飛躍的に進展したことにより，これまでの学校教育の有効性に対して疑問が呈されるようになってきました。そのような状況のもとで「生涯教育」という概念が，ユネスコの成人教育課長であったラングラン（Lengrand, Paul）によって提唱されました。

しかし，「生涯にわたって教育される」という受け身的な概念を含蓄する「生涯教育」という言葉に代わって，やがて，より個人の自主性に重きを置いた「生涯学習」という言葉が使われるようになりました。「生涯学習」とは，社会のすべての成員が，自らの目的に従い，生涯にわたって自主的かつ主体的に継続する，人としてより成長するための学習です。

2 「生涯学習社会」とは

「生涯学習社会」という用語は，ハッチンス（Hutchins, Robert Maynard）が著した『学習社会論』（*The Learning Society*, 1968）から生まれた用語です。ハッチンスはその著書のなかで，学習を続けることが人間的であるための方法であるとし，学習社会を「全ての成人男女に，いつでも定時制の成人教育を提供するだけでなく，学ぶこと，何かを成し遂げること，人間的になることを目的とし，あらゆる制度がその目的の実現を志向するように価値の転換に成功した社会」（新井郁夫訳）としています。

私たちは，学びを通して，自然や自分たちのことを含めた世界を知る喜び，時間と場所を超えた他者や自分自身と出会う喜び等，さまざまな生きがいを見出していくことができます。すべてが激しく変動する時代において，生涯にわたって絶えず必要な知識を獲得し，豊かな感受性を培いながら問題を発見し，具体的な解決策を探究するという学びの重要性がますます大きくなってきています。

今こそ私たちは，学習の機会をさらに拡充し，学ぼうとする者が，それを自由に選択することができ，学んだことや学ぶこと自体が適切に評価され，さらにその成果を，実践を通して生かすことができる社会をつくりあげる必要があります。

3　生涯学習の四つの柱

1996年に発表されたユネスコ21世紀教育国際委員会の最終報告書（ドロール・レポート『学習：秘められた宝』*Learning : the Treasure Within*）には，生涯学習の四つの柱が明記されました。

知ることを学ぶ（Learning to know）　幅広い一般教養を得る方法，特定の課題については深く学習する手法を知ることです。このことはまた，教育が生涯を通して与えてくれるあらゆる可能性を利用することができるように，いかに学ぶかを学ぶことでもあります。

為すことを学ぶ（Learning to do）　単に職業上の技能や資格を習得するだけではなく，広く多様な状況に対処することを身につけることを意味します。このことはさらに，自分の生活する地域や国における個人的な社会経験や仕事の経験を通して，あるいは学習と労働を交互に行う過程を通して，人びとがいかに行動すべきかを学ぶことも意味します。

他者と共に生きることを学ぶ（Learning to live together, Learning to live with others）　一つの目的のために他者とともに働き，人間関係の反目をいかに解決するかを学びながら，多様性の価値と相互理解と平和の精神に基づき，他者を理解し，相互依存を評価することです。

人間として生きることを学ぶ（Learning to be）　個人の人格をいっそう発達させ，自律心，判断力，責任感をもってことに当たることができるよう学ぶことです。

4　生涯学習社会構築への参画

望ましい生涯学習社会の実現のためには，従来の固定した発想や考え方から脱却し，つぎのような新しい方向に沿って変革していくことが必要だとされています。

「知識の伝達」から「自己教育力の育成」へ　教える者から教えられる者への知識の伝達から，自らの意思で学びの目標を定め，自己の向上を図るための意欲と能力を培う自己教育力を育成していきましょう。

「教養知」とともに「実践知」を　個人の内面的な充実を支える教養知とともに，社会における具体的な活動につながる実践知を尊重しましょう。

「学校歴の偏重」から「学習歴の重視」へ　どの学校を卒業したかという学校歴

を基準に動く形式主義社会から，なにができるかという能力を身につけるための学習歴社会を建設しましょう。

「単一文化への固執」から「多元文化の共生」へ　一つの民族や文化的価値観にとらわれる単一文化主義から，国際的視野に立った人権意識をもち，多様な価値観を互いに認識し尊重することを通して，ともに生きることができる多元文化社会を建設しましょう。

人間性の尊重　自然を大切にする心，美しさへの感受性や他者への思いやりの心情を育むなど，人間性を尊重し，「知・情・意」の調和のとれた人格の形成を目指しましょう。

（金子）

77　自己啓発―意味と方法―

1　自己啓発とは
「啓発」とは,「知識をひらきおこし理解を決めること」で,「啓蒙」とは,「無知蒙昧な状態を啓発して教え導くこと」(広辞苑)です。「啓蒙」は他人に対する行為ですが,「自己啓発」というと,「意識的に自分を向上させ,環境への適応能力を高めるために,自分自身が努力をすること」です。

今日のように社会や経済的環境の変化が著しい時代には,その変化を常にとらえて対応していく能力が求められます。人間には計り知れない能力がある,といわれます。より充実した人生を送るために,自分の能力を育て,十分に発揮していくには,自己分析や自己啓発が肝要です。

2　自己分析の必要性
自分の長所と短所を周囲の人たちから聞いたり,SPI (Synthetic Personality Inventory) や心理学テスト,社員教育や各種セミナーを受けたりして,日ごろから自分自身を客観視する習慣をつけましょう。得意分野やすぐれているところはさらに伸ばす努力をしましょう。

3　自己啓発の例
読書をする　読書は「代理体験」といわれます。読書を通して,人生経験や想像力,知恵を自分のものとして,あなたの感性を豊かにし,知識を増やしてくれます。

人の意見を聞く　人の話を積極的に聞くことは,あなたのものの見方,視野を広げます。

自然と親しむ　季節を感じながら折々の景色をみることや,動物と触れ合う等の自然のなかでの体験は,心と体のリフレッシュにつながります。

問題意識をもつ　疑問をもつことや疑問の解消に取り組むこと等は,自己啓発の推進力となります。

「振り返り意識」を育てる　仕事や学習のあと,改善点を検証し,自ら意識して取り組むように努力しましょう。

(辻)

78　ロジカルシンキング―訓練して身につけたい思考法―

1　「ロジカルシンキング」の定義と重要性

「ロジカルシンキング」(logical thinking) とは，「物事を自分の頭で，深く，無駄なく，筋道を立てて考える技術」のことです。それは，「他者へ，深く，無駄なく（効率的に），筋道を立てて（わかりやすく）伝える技術」となります。

学業や仕事では，物事について深く考えたり，レポートや報告書を書いたり，プレゼンテーションしたりしますが，そこに，ロジカルシンキングは不可欠です。ことに，ビジネスにおいては，絶えず，論理的な現状把握と分析が行われ，その結果にもとづく合理的な判断が求められています。

近年，ロジカルシンキングの重要性が高まっています。それは，環境変化が激しい社会において適切な意思決定を行うためであり，また価値観や考え方が多様化しているなか，他者との的確なコミュニケーションを行うためといえます。

2　「考える」ということ

「ロジカルシンキング」の「シンキング」は，直訳すれば「考えること」です。では，「考えること」とはどういうことでしょうか。ここでは，先に，考える契機を与える行為，すなわち，「知る」あるいは「知っている」ということについて考えてみましょう。

よくいわれるように，「知る」あるいは「知っている」ということと，「わかる」あるいは「わかっている」ということは違います。「わかる」とは，「知ったことを自分のなかで，他の出来事との関連性を考えてそのものを深く把握すること」です。また，知識として知っていても，それを実際に応用できないのであれば，それは，わかっていることにはなりません。

つまり，「わかっている」とは，自分のなかである事柄について，吟味・分析・再構築し，自分自身の知識あるいは応用力として問題解決につなげたり（問題解決），なにをすべきかを決定したり（意思決定）することに，「知ったこと」を活用できるということです。

なにかを知ってから「わかる」に至るプロセス（過程）が，「考える」ということです。

3 「論理的」であるということ

「ロジカルシンキング」の「ロジカル」は、「論理的」ということです。私たちは、「考える」プロセスのなかで推論（推理・推察によって論を進めること）をめぐらします。「論理的である」とは、その推論のプロセスが形式的に正しいことをいいます。つまり、筋が通っている、ということです。

筋の通り方には、①意味の論理の筋の通り方、②事実の論理の筋の通り方、の二つがあります。前者は「演繹（えんえき）」、後者は「推測」といわれます。演繹では、論理的に妥当かどうかという「形式的側面」（論理性）が問題になり、推測では、事実と照らし合わせて説得的かどうかという「内容的側面」（事実性）が問題になります。

(1) 演繹的思考

「演繹」（deduction）とは、「前提された命題（proposition：判断を言語で表わしたもの。例、「AはBなり」）から、経験にたよらず、論理の規則に従って必然的な結論を導き出す思考の手順」であり、前提となっている一般法則の個別化をたどり、「それゆえに」「だから」と結論づけていきます。

```
―――――― 演繹的思考 ――――――
A商事の社員は優秀である（一般法則）。
          ↓
B子さんはA商事の社員である（個別事情）。
          ↓
B子さんは優秀である（結論）。
```

(2) 推測的思考

論理学における「推測」（inference）とは、ある事実を証拠として、それには含意されていない、他の事実あるいは一般的な事実の成立を結論する思考方法です。これには、仮説的思考、帰納的思考、の二つがあります。

仮説的思考 証拠をもとに、その事実をうまく説明する仮説を立てる推測方法です。他に、事実を説明するに足る仮説がないかどうかをチェックする必要があります。

帰納的思考 「帰納」（induction）とは、個別の具体的事実を証拠に、一般的な命題ないし法則を導き出す思考方法です。これが確実かどうかは、サンプルが十分かどうか、あるいは、偏り（かたよ）がないといったサンプルの適切さが前提となっています。

3　ロジカルシンキングの技術

(1)　横のつながりの理解：MECE（ミーシー）

　MECE（Mutually Exclusive and Collectively Exhaustive）とは，「各事柄の間に重なりがなく，全体として遺漏(いろう)がない」状態のことです。たとえば，人を「成人」と「未成年者」とに分けると，それは，それぞれMECEになります。一方で，「成人」と「大学生」に分類すると，重複がありますので，MECEではありません。これは，事柄の輪郭を関連事柄との関係において明確にするため，ロジカルシンキングの技術のなかでは，最も重要なものといわれています。

(2)　縦のつながりの理解：So What ? / Why So ?

　So What ?（だからなに）とは，現在もっている情報から導き出せる結論を見つけ出す作業のことです。「だからなに」の「だから」の前にあるのが現在もっている情報（根拠）であり，「なに」の答えが導き出された結論となります。Why So ?（なぜそうなの）とは，出された結論に対して納得できる理由づけをする作業のことです。根拠に，因果関係，比較類推，統計等を使用します。

(3)　ピラミッド構造

　ロジカルシンキングとしての理論の組立ては，So What ? / Why So ? を何度も繰り返すことになります。これを図示すると，「最終結論」を頂点として，ピラミッドのように下に広がったものとなります。これを「（ロジカルシンキングにおける）ピラミッド構造」と呼びます。このとき，「最終結論」を導くための「根拠」は，互いに矛盾がなく，全体として漏れのないMECEになっている必要があります。

　ロジカルシンキングでは，この縦方向のSo What ? / Why So ? と横方向のMECEを常に考えながら，論理的思考を進める必要があります。　　　（金子）

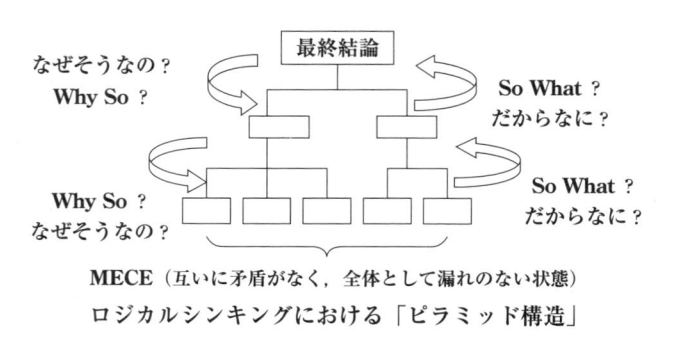

ロジカルシンキングにおける「ピラミッド構造」

コラム13　50年後によみがえった記憶

　チェコにはピルゼンビールの伝統があり，かのバドワイザーの本家本元もある。したがってビールの愛好者も多くビアホールもあって，ドイツのそれと同様，アコーディオンの伴奏に合わせてみんなで合唱して楽しむ。ところが，あるパッケージツアーでそういうビアホールにいったとき，ぜんぜん座が盛り上がらないのである。というのは，チェコの歌なんてだれも知らないので，当然盛り上がりようがないのだ。

　まるでお通夜のように静まり返っていたところで，突如，おなじみの歌が出てきた。イタリア民謡の「オー・ソレ・ミオ」である。プラハからローマまでは直線でちょうど1000キロくらいだから，イタリア人もけっこう来るのだろう。これで手拍子も出たりして少し盛り上がった。ワンコーラス聞いて自分で驚いたのだが，わたしは，そのイタリア語の歌詞を一言一句たがわず覚えているのに気がついた。そこで，立ち上がり，「ワンス・モア」とお願いして一曲朗々と歌い上げてしまった。これが，やんややんやの大喝采で一座は大いに盛り上がり，それがきっかけとなってじつに楽しいひと時に一変したのだった。

　つまり，歌の自慢ではなく，なぜ，わたしがそんな歌の歌詞を原語で覚えていたのかということなのだが，高校時代，クラスメートに歌の好きな男がいて，これがおせっかいなことに人に歌を教えたがるのである。わたしも歌は嫌いではないので，歌劇アリアの「星は光りぬ」や民謡の「海に来よ」「カタリ」などいくつかの歌を原語で覚えたなかにこの「オー・ソレ・ミオ」が入っていたというわけであった。それが，その後まったく歌う機会などなかったのに，なんとほぼ50年後に記憶がよみがえったのだから驚くではないか。歌詞の意味などまったくわからないのに，である。

　一方，40代の終わりごろ，日本語能力検定に合格しようと懸命になって受験勉強していたとき，記憶力の衰えがあまりにひどく悲しい思いをしたこともある。よくいうように，「勉強は若いうちに」というのは真理である。若い人たちには，自己啓発に励むのはいまのうち，と声を大にしてお勧めしたい。

79　メンタリング―メンターの見つけ方―

1　メンター制度

メンター（mentor）とは，「（賢明で信頼のおける）助言者」という意味があり，そこからも「職業という世界において，仕事上の秘訣を教え，コーチし，役割（ロール）モデルとなり，重要な人物への紹介役を果たすなどによって，メンタリングの受け手（支援を受ける者＝メンティ：mentee）のキャリア発達を援助する存在」（藤井博他［1996］）として使われるようになりました。

メンター制度は人材育成の手法として1980年ごろにアメリカで始まり，現在では日本でも取り入れている企業や学校が増えています。

メンター制度の内容は，キャリア構築，ワーク・ライフ・バランス，日常業務など多岐にわたります。メンティにとって今後のキャリア目標となる他部署の先輩との交流は，仕事へのモチベーションの上昇につながることが多いようです。

2　メンターを見つけるには

(1) どのような人生を生きたいのかを明確にする

どのような人生を生きたいのかによって，選ぶメンターが変わってきます。たとえば，ホテル業界へ進みたい人は，IT業界で成功しているメンターを得ても，最適なアドバイスは得られないかもしれません。自分の進みたい分野で，活躍するメンターを得ることは，あなたが，飛躍するためのチャンスになるでしょう。

(2) メンター像を明確にする

どのようなメンターに教えを請いたいのかを決めます。メンターの性格やライフスタイルに共感でき，指導してもらうために，自分の課題を明確にしましょう。

(3) 行動を起こす

目標となる人物は，上司や先輩，学生時代の先生かもしれません。まだメンターに出会っていなければ，会社の他部署の人との交流やセミナーへの参加など，あらゆる場所へ出かけてみましょう。尊敬できる素敵な人たちと出会える可能性が広がります。「魅力行動学」（さまざまな出会いを通して魅力的な自己形成と人間関係を求める行動の学」古閑博美［1996］）を実践し，メンターや目標となる人物を見つけましょう。

（辻・金子）

80　後輩指導―タイプ別指導方法―

1　優れた先輩・指導者・上司に求められる能力

　人にはそれぞれ考え方や価値観の違いがあり，ある人にはうまくいく接し方であっても，別の人にはうまくいかない場合が当然あります。後輩・部下の能力を引き出すために指導者・上司は，相手のタイプを判別する能力が求められます。

2　組織内での人のタイプ

　組織のなかでの行動パターンから，人はつぎの四つのタイプに分けられます。
　支配者（コントローラー）型　人や物事を支配していくタイプ
　促進者（プロモーター）型　人や物事を促進していくタイプ
　分析者（アナライザー）型　情報を収集分析し，戦略を立てていくタイプ
　支援者（サポーター）型　全体を支持していくタイプ

3　タイプ別指導方法

　タイプ別の指導方法は，おおよそつぎのようにいわれています。
　支配者型　自分が中心となって周りの人に影響を及ぼすことが好きです。上からの威圧的な態度は逆効果です。くどくどした話し方をするとフラストレーションを起こされますので，単刀直入に話しましょう。
　促進者型　順応性が高いタイプで，人と一緒に協調していくことが好きです。その特徴を活用し，課題を与えたり質問を投げかけたりすることによって，その人のアイディアを引き出し，リーダーシップを発揮してもらいましょう。計画性に乏しいところもありますので，その点は補いましょう。
　分析者型　人との関係をうまくとれない人が多いのですが，物事を冷静に判断するという長所があります。情報を提供し，自分で判断した結果などをフィードバックしてもらいましょう。失敗を恐れがちですので，さりげなく背中を押すとよいでしょう。
　支援者型　人との協調性を大事にする穏やかな性格のタイプです。あまり自己表現しないので，彼らが欲求していることを見つけだすことが必要です。思っていることや提案・要求を出しやすい雰囲気づくりを心がけましょう。　　　（金子）

81 コーチング―手法と特徴―

1 「コーチング」とは

「コーチング」(coaching) とは,「一連のインタラクティブ・ソリューソン (interactive solution:双方向からの問題解決) の実現プロセス」のことです。具体的には,目標やテーマを設定し,クライアント (client:相談者) とコーチ (coach:上司,相談された人,指導者) が,インタラクティブなコミュニケーションを行うことによって,① アイディアが出やすい状態,② 人びとが具体的な行動を起しやすい状態,③ 問題が解決に向かいやすい状態,に導くものです。

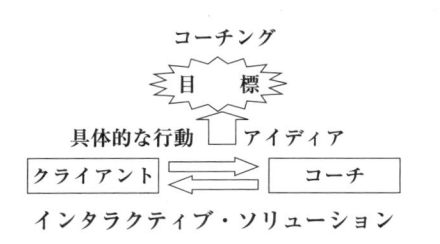

```
       コーチング
        目 標
具体的な行動 ⇧ アイディア
クライアント ⇄ コーチ
インタラクティブ・ソリューション
```

現在,コーチングの手法は,企業などで部下の育成にも活用されています。

2 「コーチング」の特徴

「コーチング」の特徴は,つぎのとおりです。

(1) 教えるのではなく,自分で考えてもらう

コーチングは,相手を意図的に誘導したり,結論を急いだりするものではありません。コーチは,教えるのではなく,むしろクライアントに質問し,相手が自分で考え,自ら行動を起こすようにコミュニケーションを発展させます。

(2) オンゴーイング (**on going**,現在進行形)

コーチは,クライアントや部下に課題や仕事を丸投げせず,クライアントの行動の進展に,「点」ではなく「線」で,オンゴーイング (継続的) に関わるのです。なにかを成し遂げるためには,ある程度,継続する必要があります。続けるための条件は,① そのことを再認識させてくれる人がいること,② だれかと約束すること,です。コーチは,クライアントが課題や仕事を完成するのを支援する役割を果たします。

また,学んだことは時間とともに記憶は薄れ,その影響力は徐々に弱まることが知られています。そのため,絶えずコミュニケーションを創り出し,記憶や学

んだことの経験を維持する必要があります。これは，行動を起こすまで，そして行動が変わるまで，コーチは相手と関わり続ける，ということです。

(3) テーラー・メイド

コーチングは，一人ひとりに合った方法で，クライアントの能力を引き出すものです。そのため「その人のためだけにその人に一番合った方法」（テーラー・メイド）を見つけ出す必要があります。

(金子)

―― コーチ ――

　ハンガリーのコーチ（Kocs）という町で農閑期の収入源として作られた四輪馬車・コーチ（kocsi）に由来しています。コーチで，世界で初めてサスペンション付きの馬車を製造し，1500年代，「コーチ」は馬車の代名詞となり，そこから御者のことを「コーチ」と呼び，さらに転じて指導者を指す言葉になりました。

　1840年代，英国オックスフォード大学において，個人教師のことを「コーチ」と呼ぶようになります。現在では，スポーツ界の「コーチ」が有名ですが，それは1880年代以降に生まれた言葉です。1950年代，米国において企業経営の分野で「コーチ」という言葉が使われ始めました。

82　健康管理―生涯の健康習慣―

1　疾病の発症要因と健康的な生活習慣

疾病の発症要因として，つぎの三つがあげられます。
①　病原体や有害物質などによる「外部環境要因」
②　遺伝子異常や加齢などによる「遺伝要因」
③　食習慣や運動習慣，休養などのとり方，嗜好などによる「生活習慣要因」

このうち，最も考えたいのが，本人が自覚することによって予防することができる③生活習慣要因です。これによって発症する病気が，「生活習慣病」です。

米国カリフォルニア大学のブレスロー教授は，1965年に発表した「寿命に影響する健康習慣」で，つぎの七つの項目をあげています。健康チェックをしてみてください。

①　適正な睡眠時間を守る　　　□
②　喫煙をしない　　　　　　　□
③　適正体重を維持する　　　　□
④　過度の飲酒をしない　　　　□
⑤　定期的に運動をする　　　　□
⑥　朝食を摂る　　　　　　　　□
⑦　間食をしない　　　　　　　□

健康的に生きるためには，これらの項目のすべてに ✓ がつくのが望ましいといえます。

2　社会問題としての健康管理

日本は，2020年には4人に1人，2050年には3人に1人が高齢者と見込まれます。超高齢社会となる日本にとって「生活習慣病」の増加は，個人の問題だけではなく，病気や介護による負担が大きくのしかかる社会問題となります。

これからの超少子・高齢社会を活力あるものにするには，実り豊かな満足できる生涯を目指すことが重要であるといわれています。それには，病気の早期発見や治療よりも，健康増進，発病の予防を目的とした「一次予防」を重視し，生活の質（QOL：Quality of Life）を高めることが肝要です。

（金子）

―― ストレッチの勧め ――

　ストレッチは，1個所を伸ばすのに15～20秒くらい十分な時間をかけ，反動をつけずにゆっくりと行うと効果的です。反動をつけると，筋肉が無理に伸ばされることにより，体を守ろうとして筋肉が逆に縮む作用が働いてしまいます。

　どこにいても，足の指先，足首，ふくらはぎ，臀部，肩，腕などの各部を意識しながら筋肉を伸ばすだけでストレッチになり，リラックスにつながります。

―― 豆 知 識 ――

　メタボリックシンドローム（内臓脂肪症候群）　近年，生活習慣病の疾患の発症や悪化には，「内臓脂肪型肥満」が大きな関わりをもつことが明らかになっています。この「内臓脂肪型肥満」に加え，さらに血糖値，血圧，血清脂質のうち二つ以上が危険域にある場合を「メタボリックシンドローム」（あるいは単に「メタボ」）と呼んでいます。

　ストレス　「ストレス」（Stress）とは，本来は物質的な"圧力"あるいは"重圧"といった意味の英語です。転じて，精神的な圧迫感や重圧を意味する言葉として日常的に使われるようになりました。医学的な意味で使われる「ストレス」とは，「外部から加えられた刺激に適応するために，生体の中で生じる一定の反応の状態（ひずみ）」のことをいいます。生活における適度なストレスは刺激となって有益ですが，長期にわたるストレスや過度のストレスは負担になります。ストレスをためずに生きましょう。

83　時間管理―ポイントとすきまの時間の利用法―

1　時間管理
　時間管理とは，時間そのものを管理することではなく，「全体としての生産性を高めるために，自分の行動を効率的に時間配分すること」です。そのため，「時間管理とは自己管理」ともいわれており，仕事の時間だけでなく，私生活の時間や休養の時間にも配慮が必要です。

　日一日と変化する経営・環境・技術革新に対応してビジネスを展開していくには，迅速さということが大切な要素になってきます。どんなにすぐれた製品やサービスも，市場への投入時期が遅れると価値がなくなってしまいます。そのためには時間を上手に活用し，効率的な仕事をする必要があります。また，仕事以外の私生活でも時間を生み出す工夫を心がけ，豊かな生活を送りましょう。

2　時間管理のポイント
① 仕事の期限を設定し，段取りを決定する（いつまでに，どのくらいの時間をかけて行うか計画を立てる）
② 自分に関係する仕事を行っている人の状況に配慮する
③ 自分ひとりの手に負えない仕事は，いつまでも抱え込まないようにする
④ 緊急事態のときには，上司と相談しながらも，臨機応変に行動する
⑤ 休憩・休養を適切にとる

3　「時間を守ること」と「信頼関係」の関係
　常に5分前の行動を心がけ，余裕をもって取り組みましょう。他人の時間も大切にすることを忘れてはなりません。ビジネスでは，期限を守る，約束を守るなど，他人の時間に関わることがたくさんあります。約束の期限，時間に遅れることは他人の時間の損失を招くことになり，相手との信頼関係に影響を及ぼします。

4　すきまの時間の利用法
　すきまの時間とは，5分や10分でも，なにかとなにかの間の「空いている時

間」のことです。1日に2〜3時間はあるといわれています。すきま（「ニッチ niche」）を「リッチ rich」に活かしましょう。

移動時間　通勤電車，タクシー，飛行機など
待ち時間　連絡待ち，来客待ちなど
その他　仕事中のおしゃべり，長電話，探し物の時間のロス時間など

　移動時間も使い方次第で仕事を片付けることはできます。たとえば，地下鉄・新幹線内で携帯電話のメール通信ができないときでも「保存」し，駅で発信すると時間の節約になります。毎朝夕の通勤時間は，確実に確保できるので学習に向きます。文庫本等をバッグに入れておき，読書にあてるのもよいでしょう。車で通勤の場合は，ポータブルプレーヤー等に学習したいものを入れておき，聞くこともできます。すきまの時間を利用して資格を取得した人もいます。

（辻・金子）

84　ワーク・ライフ・バランス―個人の意識と企業の取組み―

1　ワーク・ライフ・バランスとは

一般的に「仕事と私生活の調和」を目指す考え方をいい，1990年代初頭から米国で始まった取組みです。日本においても，働きながら，健康維持活動，地域活動，能力開発，家族と一緒の活動などをより充実させていくことに関心が集まっています。仕事と私生活のバランスは必ずしも折半というわけではなく，バランスのとり方は人によりさまざまです。

2　今，なぜワーク・ライフ・バランスなのか

ワーク・ライフ・バランスが注目されるようになった背景には，働く人の仕事と生活に関する意識やニーズの多様化が進んでいることがあげられます。日本は現在，高齢者の増加と保険料を払う現役世代の減少により，年金制度の変化に直面しています。今後，年金の受給開始年齢の引上げや給付水準の引下げは避けられないでしょう。この結果，多くの人が，経済的理由で70歳ぐらいまで働くことを求められる可能性があります。

しかし，日本の労働時間は，世界的にも突出して長いという特徴があります（図表）。今のままでは健康を損なわずに70歳まで働き続けることは難しいでしょう。一方，共働きが増えるなか，男女ともに育児に参加する働き方を進めるた

過労働時間50時間以上の労働者の割合（2000年）

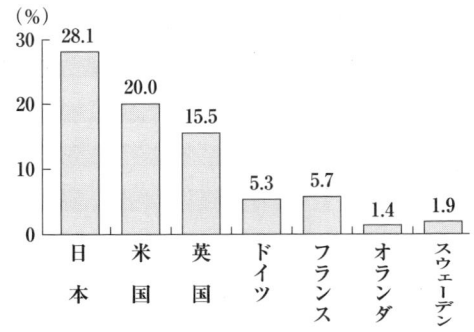

国	割合(%)
日本	28.1
米国	20.0
英国	15.5
ドイツ	5.3
フランス	5.7
オランダ	1.4
スウェーデン	1.9

（出所）　労働政策研究・研修機構「データブック国際労働比較2005」

めには，ワーク・ライフ・バランスの推進が重要であると考えられるようなりました。

3　企業による取組み

　近年，従業員のワーク・ライフ・バランスを実現させるために，フレックスタイム制*や在宅勤務制など，働く時間や場所などに配慮した柔軟な働き方を導入している企業が増えています。また，社員が休みを取りやすいよう，ユニークな休暇制度を導入する企業も増えています。たとえば，子どもの学校行事に参加するための特別休暇や，家族や恋人の誕生日などに休める記念日休暇，孫が生まれたさいの「産休」などです。

　国際競争が激化するなか，企業は付加価値の高い商品づくりをしていかないと生き残れません。生産性が必ずしも高くない現状を改善するには，企業側も，従業員が仕事をしながら継続して学習できる環境を整えなくてはなりません。一方，従業員の疲労の蓄積や心身の健康状態の悪化は，企業にとって人的資産の深刻な損失となりつつあります。そのため，企業では，従業員が健康で意欲的に仕事に取り組めるようなワーク・ライフ・バランス施策の推進に積極的に取り組む傾向がうかがえます。

（辻）

　***フレックスタイム制**　勤務時間の自由選択制。実労働時間を決め，出・退時間は労働者の自由に任せられている。必ず勤務しなければならない時間帯（コアタイム）と，自由な時間帯（フレキシブルタイム）が定められている。

参考文献

友田二郎（1964）『エチケットとプロトコール』国際図書
野田岩次郎（1968）『テーブルマナー　西洋料理をおいしく食べる本』光文社
小笠原清信（1973）『日本礼法入門』ごま書房
小笠原清信（1978）『礼法入門—しきたりと作法—』保育社
外務省情報文化局国内広報課編集（1981）『国際儀礼に関する12章—プロトコール早わかり』世界の動き社
寺西千代子（1985）『国際ビジネスのためのプロトコール』有斐閣
アイリーン久田（1989）『ボルドリッジ流　エグゼクティブ・マナー入門』ジャパンタイムズ
古閑博美（1992）『魅力 行動 発進—誰かがあなたを見つめてる—』学文社
菊地史子（1995）『オフィス・ケース・スタディ』学文社
古閑博美（1996）『魅力行動学入門』学文社
山村賢明（1996）『茶の構造』世織書房
本明寛（1997）『第三のモノサシ』ダイヤモンド社
古閑博美・倉田安里・金子章予（1999）『日本語会話表現法とプレゼンテーション』学文社
近藤珠實（2002）『心をつなぐ礼法とマナー』旬報社
酒井美意子（2002）『ロイヤルマナー　皇室・伝統の礼儀と作法』大和書房
速水博司（2002）『大学生のための文章表現入門—正しく構成し，明快に伝える手順と技術』蒼丘書林
速水博司（2003）『大学生のための文章表現入門【演習】』蒼丘書林
木村三千世・森山廣美・田中雅子・土井茂桂子・野坂裕子・東野國子（2004）『オフィス実務［改訂版］』学文社
キャリア総研（2004）『ビジネスマナー基本テキスト』日本能率協会マネジメントセンター
今田美奈子（2005）『セレブリティのテーブルマナー』主婦の友社
箱田忠昭（2005）『即戦力になる!!　ビジネスコミュニケーション』日経BPソフトプレス
速水博司（2005）『大学生のためのレトリック入門—説得力と表現力を高める文章作成の技法』蒼丘書林
エクスメディア（2006）『超図解mini　魅せるExcelグラフ』エクスメディア
小笠原清忠（2007）『美しい姿勢と立ち居振る舞い　小笠原礼法入門』アシェット婦人画報社
専修学校教育振興会（2007）『ビジネス能力検定3級テキスト』日本能率協会マネジメントセンター
福島哲史（2007）『時間管理術』秀和システム

執筆者一覧

(＊編者)

古閑博美＊	嘉悦大学短期大学部准教授
金子章予	西武文理大学サービス経営学部准教授
辻　恭子	東京立正短期大学・ホスピタリティツーリズム専門学校非常勤講師
石平光男	了德寺大学非常勤講師（コラム）

魅力行動学®
ビジネス講座
—マナー，コミュニケーション，キャリア—

2008年10月20日　第一版第一刷発行　◎検印省略

編著者　古閑博美

発行所　株式会社　学文社
発行者　田中千津子

郵便番号　153-0064
東京都目黒区下目黒3-6-1
電話　03(3715)1501代
口座振替　00130-9-98842

© H. KOGA 2008

乱丁・落丁の場合は本社でお取り替えします。　印刷所　㈱シナノ
定価は売上カード，カバーに表示。

ISBN 978-4-7620-1890-9

塚原昭人・木村三千世・田中雅子・森山廣美著 新ビジネス実務論〔改訂版〕 B5判 100頁 定価1575円	ビジネスの場でワーカーとして職務を遂行するための知識と理論を体系的に学ぶ入門書。全体像が把握しやすいように10章にまとめ，各章ごと問題集を付した好評の2003年初版刊行第2版。1677-6 C3034
木村三千世・森山廣美・田中雅子・土井茂桂子・野坂裕子・東野國子著 オフィス実務〔改訂版〕 B5判 128頁 定価1575円	社会へ巣立とうとする学生を対象に，ビジネスの場で職業人として職務を遂行するために必要な知識を体系的に学び，さらに演習項目を通して技能を体得することを主眼としたビジネス実践の入門書。1347-8 C3034
河田美惠子著 実践ビジネス実務〔改訂版〕 B5判 224頁 定価2625円	ビジネス実務の心構えと専門知識・技能をとりあげ，とくに「考える・話す・聞く・書く・読む」の五技能の習得に重点をおいた。著者自身の秘書としての実務経験に基づきわかりやすく解説。1692-9 C3034
古閑博美編著 FYS講座 ―大学で学ぼう 大学を学ぼう― B5判 96頁 定価1575円	FYS=First Year Seminar の学生に向けておくるガイダンス本。第1部「大学生と大学」，第2部「学習法と自己啓発」，第3部「キャリア・デザイン」とし，大学生に必要な情報や心得たい事がらを網羅する。1411-6 C1037
川合雅子著 キャリア発掘 わたしの適性・適職発見 ――短大・大学生版―― B5判 136頁 定価1575円	自己理解を深め，就職したい職業選択や自己実現の道しるべを示した自己分析ノート。就職準備の情報収集や将来のライフスタイルを考えるのに最適。0933-4 C3011
古閑博美編著 インターンシップ ――職業教育の理論と実践―― B5判 150頁 定価2100円	教育の一環として企業等で一定の期間就業体験を行うインターンシップが注目されている。日本と米国等の現状を解説し，インターンシップの実際に役立つマナー等，就職・実務能力アップも狙う。1064-4 C3037
高良和武監修／石田宏之・太田和男・古閑博美・田中宣秀編 インターンシップとキャリア ―産学連携教育の実証的研究― A5判 240頁 定価2520円	国内外における各事例分析をはじめ，受入れ企業と学生との意識のギャップ，採用との関連性，有意義なインターンシップにするためのキャリア支援制度のあり方等を具体的課題に検証する。1695-0 C3037
青島祐子著 女性のキャリアデザイン〔新版〕 ―働き方・生き方の選択― 四六判 256頁 定価1890円	いま働いている，これから社会に出ようとしている女性たちへ，生涯を貫くものとして職業生活を位置づけ，長期的な視点でトータルな自己実現をめざすキャリアデザインの必要性をとく。1679-0 C3037